Impressum
Verlag: BABADADA GmbH, Nedderfeld 112 , 22529 Hamburg
Geschäftsführer / Verlagsleitung: Harald Hof
Druck: Books on Demand GmbH, In de Tarpen 42, 22848 Norderstedt

Imprint
Publisher: BABADADA GmbH, Nedderfeld 112 , 22529 Hamburg, Germany
Managing Director / Publishing direction: Harald Hof
Print: Books on Demand GmbH, In de Tarpen 42, 22848 Norderstedt, Germany

ቤት-ትምህርቲ

училище

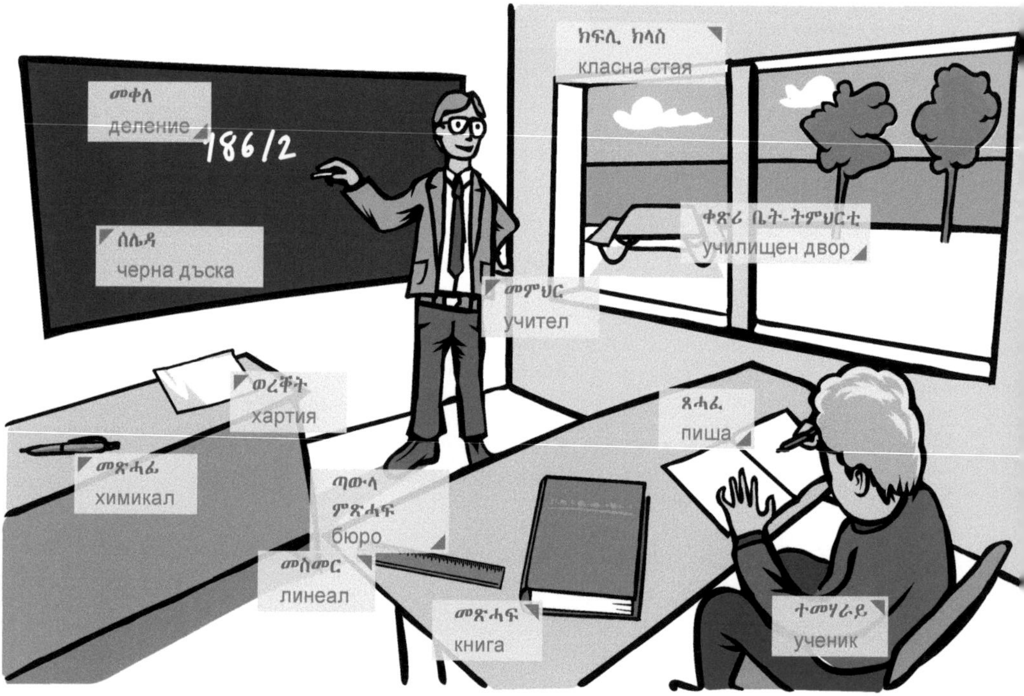
ክፍሊ ክላስ
класна стая
መቀለ
деление
186/2
ሰሌዳ
черна дъска
ቀጽሪ ቤት-ትምህርቲ
училищен двор
መምህር
учител
ወረቐት
хартия
ጸሓፈ
пиша
መጽሓፊ
химикал
ጣውላ ምጽሓፍ
бюро
መስመር
линеал
መጽሓፍ
книга
ተመሃራይ
ученик

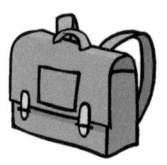

ሳንጣ ትምህርቲ

ученическа раница

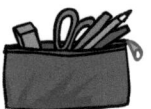

ሰፈር ብርዒ

ученически несесер

ርሳስ

молив

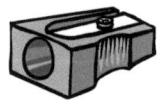

መብልሒ ርሳስ

острилка за моливи

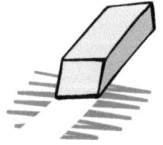

መደምሰሲ

гума

ጥራዝ ስእሊ

блок за рисуване

ስእሊ
....
рисунка

ብርኂ ቀለም
....
четка

ቦክስ ቀለም
....
акварелни бои

መቐስ
....
ножица

መጣበቒ
....
лепило

ጥራዝ መለመዲ
....
тетрадка за упражнения

ዕየ ገዛ
....
домашна работа

ቁጽሪ
....
число

ወሰኽ
....
събиране

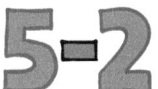

ጎደለ
....
изваждане

ረብሓ
....
умножение

ደመረ
....
смятане

ፊደል
....
буква

ስርዓት ፊደላት
....
азбука

ቃል
....
дума

ጽሑፍ

текст

አንበበ

чета

ኩርሽ

тебешир

ሰዓት

час

መዝገብ ክላስ

дневник на класа

መርመራ

изпит

ሰርቲፊኬት

свидетелство

ድቢዛ ቤትትምህርቲ

ученическа униформа

ትምህርቲ

образование

ለክሲኮን

справочник

ዩኒቨርሲቲ

университет

ሚክሮስኮፕ

микроскоп

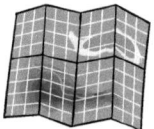

ካርታ

карта

ጎሓፍ ወረቓት

кошче за хартиени
отпадъци

መቃበሊ አጋይሽ
хотел

Grand

ሆስተል
хостел

ROOMS

ቦታ ቅያር ገንዘብ
обменно бюро

EXCHANGE

ባሊ ጃ
куфар

መኪና
кола

ቋንቋ
....
език

እወ / ኖ
....
да / не

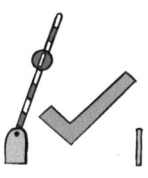

ሕራይ
....
Окей

ሰላም
....
здравей

አስተርጓሚ
....
преводач

የቸንየለይ
....
Благодаря

. . . ክንደይ ዋግኡ?

Колко струва…?

አይተረድኣኹን

Не разбирам

ሽግር

проблем

ሰላም ምሸት!

Добър вечер!

ከመይ ሓዲርካ

Добро утро!

ሰላም ለይቲ

Лека нощ!

ደሓን ኩን

довиждане

አንፈት

посока

ጉዓዝ

багаж

ሳንጣ

пътна чанта

ሳንጣ ሕቖ

раница

ጋሻ

посетител

ክፍሊ

стая

ክሻ መደቀሲ

спален чувал

ቴንዳ

палатка

ሓበሬታ በጸሕቲ ሃገር

ристическа информация

ገምገም ባሕሪ

плаж

ክሬዲት ካርድ

кредитна карта

ቁርሲ

закуска

ምሳሕ

обед

ድራር

вечеря

ቲከት

билет

ሊፍት

асансьор

ማሕተም ደብዳበ

пощенска марка

ዶብ

граница

ድንና

митница

ኣምባሲ

посолство

ቪዛ

виза

ፓስፖርት

паспорт

መጓዓዝያ

транспорт

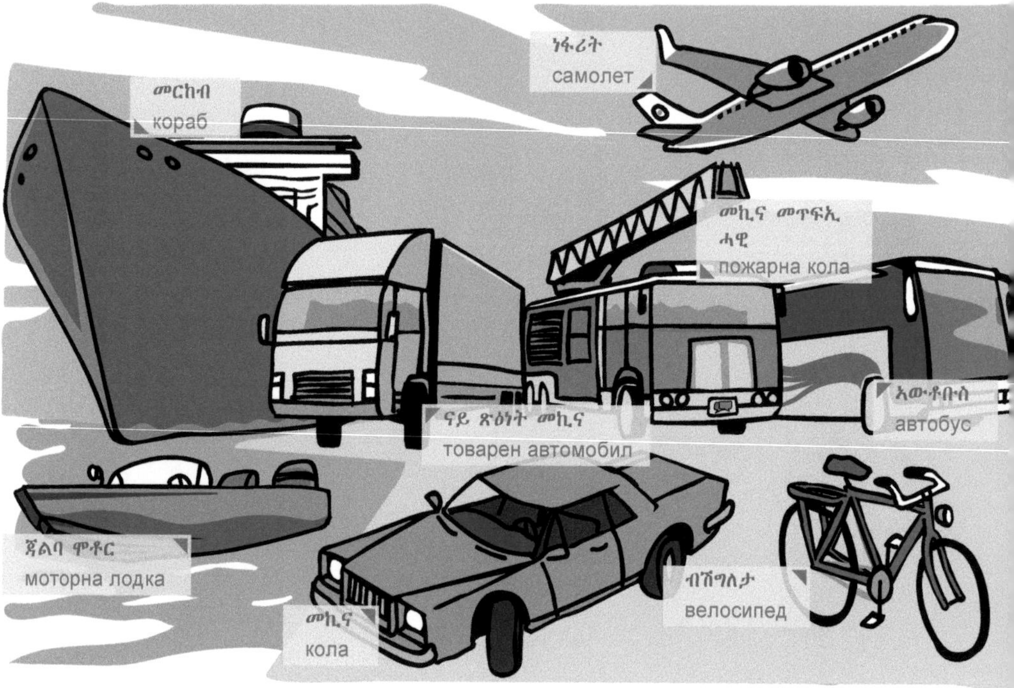
ነፋሪት
самолет
መርከብ
кораб
መኪና መጥፍኢ ሓዊ
пожарна кола
ኣውቶቡስ
автобус
ናይ ጽዕነት መኪና
товарен автомобил
ጃልባ ሞቶር
моторна лодка
መኪና
кола
ብሽግለታ
велосипед

ፈሪ

феребот

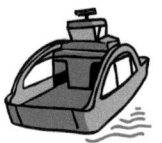

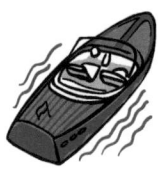

ጃልባ

лодка

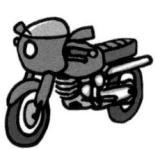

ሞቶ

мотоциклет

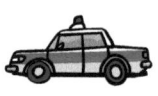

መኪና ፖሊስ

полицейска кола

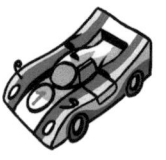

መኪና ቅድድም

състезателна кола

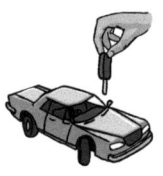

ክራይ መኪና

кола под наем

ምውፋይ መካይን
....
каршеринг

መወሰዲ መኪና
....
автомобил от "Пътна помощ"

መኪና ነሓፍ
....
сметовоз

ሞቶር
....
двигател

ነዳዲ
....
бензин

እንዳ ነዳዲ
....
бензиностанция

ምልክት ትራፊክ
....
пътен знак

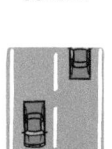

ትራፊክ
....
улично движение

ምጭቕጭቕ ትራፊክ
....
задръстване

መዐሸጊ መኪና
....
паркинг

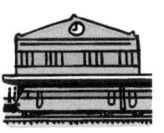

መዕረፊ ባቡር
....
гара

ሓዲግ
....
релси

ባቡር
....
влак

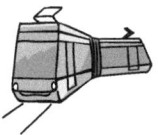

ትራም
....
трамвай

ባጎኒ
....
вагон

ሄሊኮፕተር

хеликоптер

መዓረፍ ነፈርቲ

аерогара

ታወር

кула

ተጓዥ

пасажер

ኮንተይነር

контейнер

ሳንዱቅ ካርቶን

кашон

ኮርሳ ጽዕነት

ръчна количка

ዘንቢል

кошница

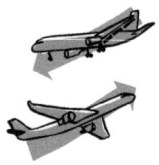

ተበገስ / ዓለበ

излитам / приземявам се

ቀኍሸት

село

ማእከል ከተማ

градски център

ገዛ

къща

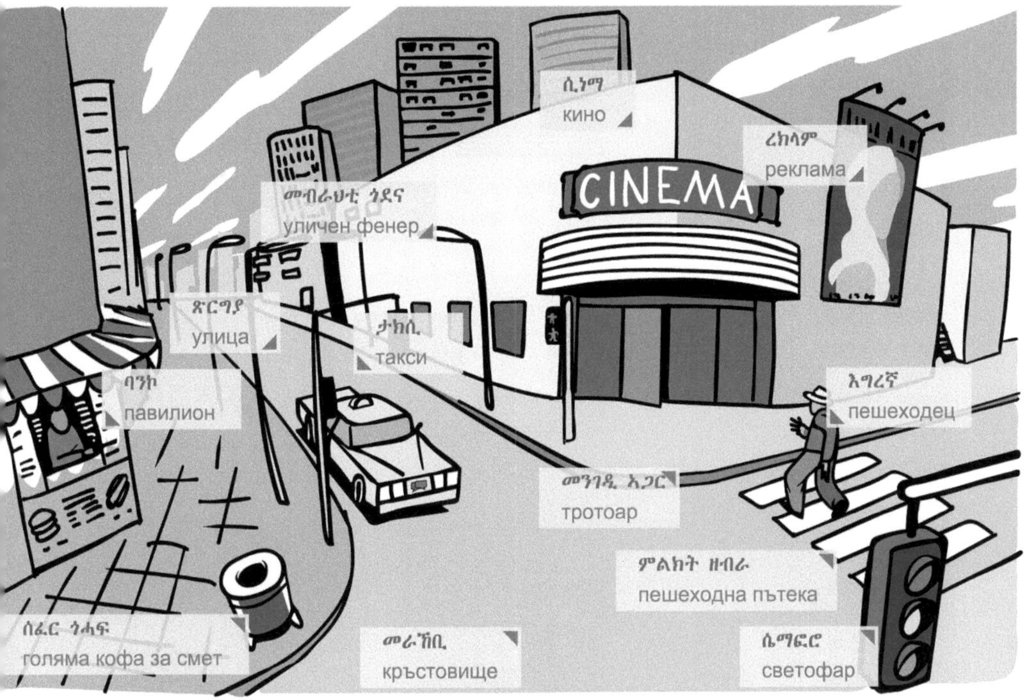

ሲነማ
кино
ረክላም
реклама
መብራህቲ ጎደና
уличен фенер
ጽርግያ
улица
ታክሲ
такси
ባንኮ
павилион
እግረኛ
пешеходец
መንገዲ አጋር
тротоар
ምልክት ዘብራ
пешеходна пътека
ሰፈር ጎሓፍ
голяма кофа за смет
መራኽቢ
кръстовище
ሴማፎሮ
светофар

ኣጕዶ

хижа

ኣፓርትመንት

жилище

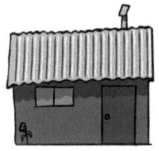

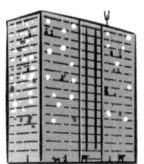

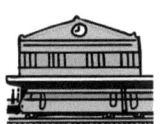

መዕረፊ ባቡር

гара

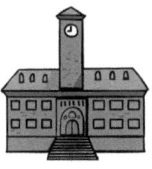

ቤት ምምሕዳር

кметство

MUSEUM

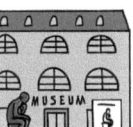

ቤተ መዘክር

музей

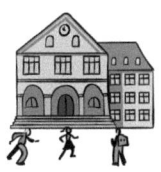

ቤት-ትምህርቲ

училище

ዩኒቨርሲቲ
....
университет

ባንክ
....
банка

ሆስፒታል
....
болница

መቐበሊ ኣጋይሽ
....
хотел

ቤት መድሃኒት
....
аптека

ቤት ጽሕፈት
....
офис

ዱኳን መጽሓፍቲ
....
книжарница

ዱኳን
....
магазин за цветя

ዱኳን ዕንባባ
....
магазин за цветя

ሱፐርማርከት
....
супермаркет

ዕዳጋ
....
пазар

ሹቕ
....
универсален магазин

ነጋዳይ ዓሳ
....
търговец на риба

ሹቕ
....
търговски център

መርሳ
....
пристанище

ከተማ - град

መዘናግዒ
....
парк

ባንኪ
....
пейка

ድልድል
....
мост

መደያይቦ
....
стълба

ባቡር ትሕቲ ምድሪ
....
метро

ቢንቶ
....
тунел

መዕረፊ ኣውቶቡስ
....
автобусна спирка

ቤት መስተ
....
бар

ቤት-መግቢ
....
ресторант

ስታሪት
....
пощенска кутия

ታቤላ
....
улична табелка

ሰዓት ፓርኪንግ
....
часовник за паркинг
престой

መካነ እንስሳታት
....
зоологическа градина

መሓምበሲ
....
плувен басейн

መስጊድ
....
джамия

ከተማ - град

13

ቤት ሕርሻ
....

селски двор

ብክላ
....

замърсяване на околната среда

መቃብር
....

гробище

ቤተክርስትያን
....

църква

በታ ምጽዋት
....

детска площадка

ቤት መቅደስ
....

храм

ስእሊ መሬት

пейзаж

አቝጽልቲ
листо

መሕበሪ መገዲ
пътепоказател

መገዲ
път

ሸኽ
ливада

እምኒ
камък

ዕንባባ

ኮብላሊ
пътешественик

ኣግራብ
дърво

ፈለግ
река

ሳዕሪ
трева

ዕንባባ
цвете

ስንጭሮ
....
долина

ጎቦ
....
планина

ቀላይ
....
море

ዱር
....
гора

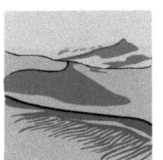

ምድረ በዳ
....
пустиня

እሳተ-ጎመራ
....
вулкан

ግምቢ
....
замък

ቀስተ-ደመና
....
дъга

ቃንጥሻ
....
гъба

ዓርኮብኮባይ
....
палма

ጣንጡ
....
комар

ሃመማ
....
муха

ጻጸ
....
мравка

ንህቢ
....
пчела

ሳሬት
....
паяк

ስእሊ መዝገብ - пейзаж

15

ሕንዚዝ

бръмбар

ዕንቅርዖብ

жаба

ምጽጹላይ

катеричка

ቅንፍዝ

таралеж

ማንቲለ

заек

ጉንጉን

кукумявка

ዒሩ

птица

ስዋን

лебед

መፍለስ

диво прасе

ዓጋዘን

елен

ሙስ

лос

ግድብ

бент

ተርባይን ንፋስ

вятърна турбина

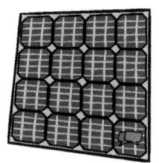

ሶላር ስርሓት

соларен модул

ኩነታት ኣየር

климат

ቤት-መግቢ

ресторант

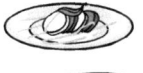

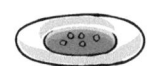

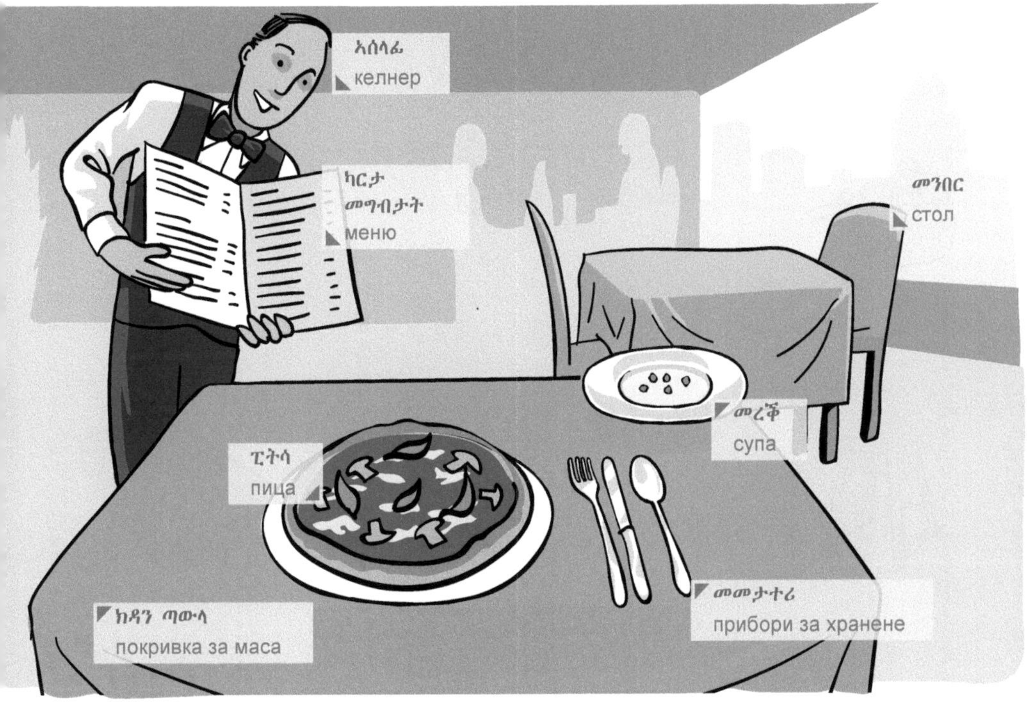

አሰላፊ
келнер
ካርታ
መግብታት
меню
መንበር
стол
መረቕ
супа
ፒትሳ
пица
ክዳን ጣውላ
покривка за маса
መመታተሪ
прибори за хранене

ቅድመ ቀንዲ መግቢ

....

предястие

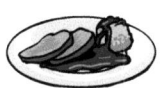

ቀንዲ መኣዲ

....

основно ястие

ድሕሪ መግቢ

....

десерт

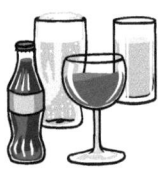

መስተ

....

напитки

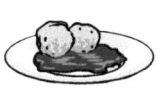

መግቢ

....

ядене

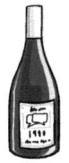

ጥርሙዝ

....

бутилка

ስሉጥ መግቢ

бързо хранене

መግቢ ጽርግያ

улична храна

ብርጭቆ ሻሂ

кана за чай

ታኒካ ሽኮር

кутия за захар

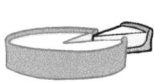

ክፋል

порция

ማሺን ኤስፕረሶ

еспресо машина

ነዊሕ መንበር

висок детски стол

ጸብጻብ

сметка

ታብለት

табла

ካራ

ножица за нокти

ፎርከታ

вилица

ማንካ

лъжица

ማንካ ሻሂ

чаена лъжичка

ሰርቪየተ

салфетка

ብኬሪ

стъклена чаша

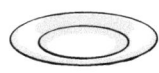

ሻሓኒ

чиния

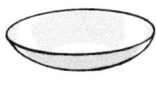

ሻሓኒ መረቕ

чиния за супа

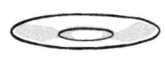

ትሕቲ ኩባያ

чинийка

ጽብሒ

сос

ወሃቢ ጨው

солница

መጥሓን በርበረ

мелничка за черен пипер

ኣቾቶ

оцет

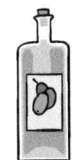

ዘይቲ

олио

ቀመም

подправки

ከቹፕ

кетчуп

ኣድሪ

горчица

ማዮኔዝ

майонеза

ሱፐርማርክት

супермаркет

ወፈያ
оферта
ዓሚል
клиент
ፍርያታት ጸባ
млечни продукти
FOR
ፍረታት
плодове
ሰረገላ ዱኳን
количка за покупки

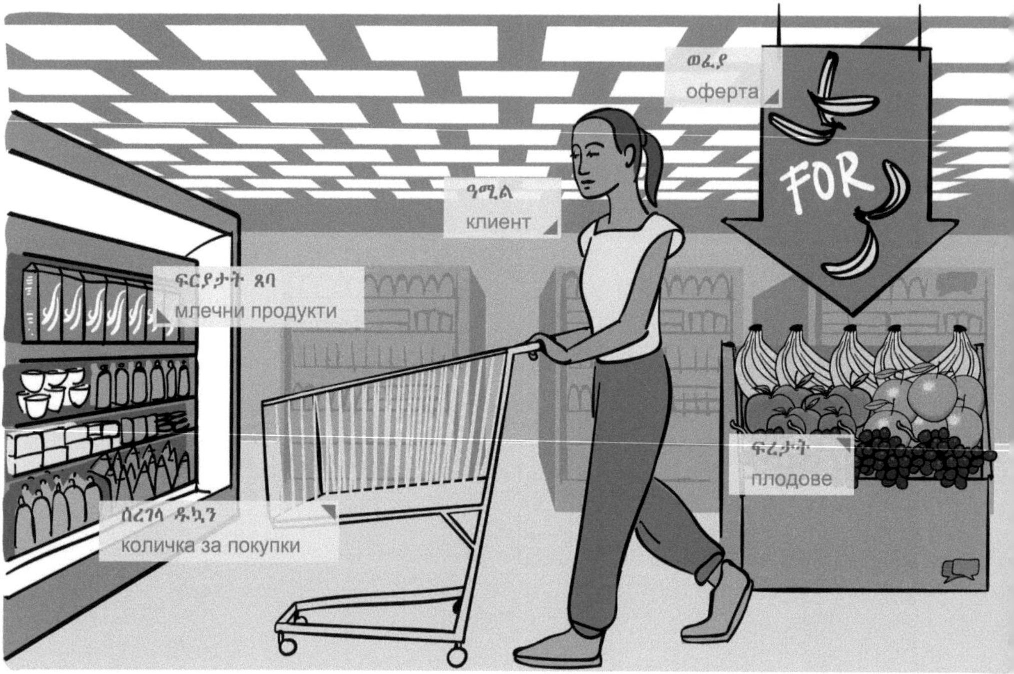

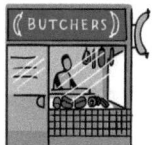

BUTCHERS

እንዳ ስጋ

кланица

BAKERY

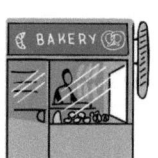

እንዳ ባኒ

хлебарница

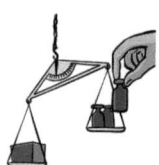

ክብደት

тегля

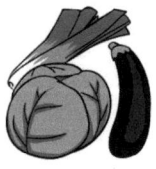

ኣሕምልቲ

зеленчуци

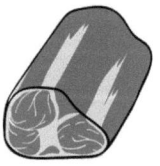

ስጋ

месо

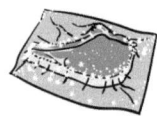

መግቢ ፍሪጅ በረድ

дълбоко замразена храна

ዝሕል ቅሩብ መግቢ
....
нарязан колбас или
сирене

እስታጵላ
....
консерви

ኦም
....
перилен препарат

ምቁር መግቢ
....
лакомства

ዘቤታውያን አቍሑ
....
домакински изделия

ናውቲ መጸረዪ
....
почистващи препарати

ሸቃጣይ
....
продавачка

ካሳ
....
каса

ተሓዝ ገንዘብ
....
касиер

ዝርዝር ምግዛእ
....
списък на покупките

ክፉት ሰዓታት
....
работно време

ማሕፋዳ
....
портфейл

ክረዲት ካርድ
....
кредитна карта

ሳንጣ
....
чанта

ፌስታል
....
пластмасова торба

ማይ

вода

ጽማቊ

сок

ጸባ

мляко

ኮላ

кола

ነቢት

вино

ቢራ

бира

አልኮል

алкохол

ካካው

какао

ሻሂ

чай

ቡን

кафе машина

ኤስፕሪሶ

еспресо

ካፑቺኖ

капучино

ядене

ባናና

банан

ቱፋሕ

ябълка

አራንሺ

портокал

ብርጭቆ

пъпеш

ለሚን

лимон

ካሮት

морков

ጸዕዳ ሽጉርቲ

чесън

ባምቡስ

бамбук

ሽጉርቲ

лук

ቅንጥሻ

гъба

ፉል

ядки

ፓስታ

макарони

ስፓጌቲ

спагети

ሩዝ

ориз

ሰላጣ

салата

ቅልዋ ድንሽ

пържени картофи

ቅሉው ድንሽ

печени картофи

ፒትሳ

пица

ሃምቡርገር

хамбургер

ፓኒኖ

сандвич

ቢስተካ

шницел

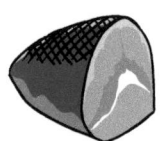

ሰለፍ ሓሰማ

шунка

ሳላሚ

траен колбас

ግዕዝም

салам

ደርሆ

пиле

ቀለወ

печено

ዓሳ

риба

ገዓት

овесени ядки

ሙስሊ

мюсли

ኮርንፍለይክስ

корнфлейкс

ሓርጭ

брашно

ክሮሶን

кроасан

ባኒ

хлебчета

ባኒ

хляб

ቶስት

препечена филийка

ብሽኮቲ

бисквити

ጠስሚ

масло

ርጎአ

извара

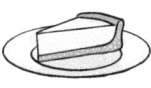

ፓስተ

сладкиш

እንቋቍሖ

яйце

ቅሉው እንቋቍሖ

яйца на очи

ፋርማጆ

сирене

ኦይስ ክሪም
....
сладолед

ሽኩር
....
захар

መዓር
....
мед

ጀም
....
мармалад

ኑጋት-ክረም
....
нуга крем

ኩሪ
....
къри

ቤት ሕርሻ

селски двор

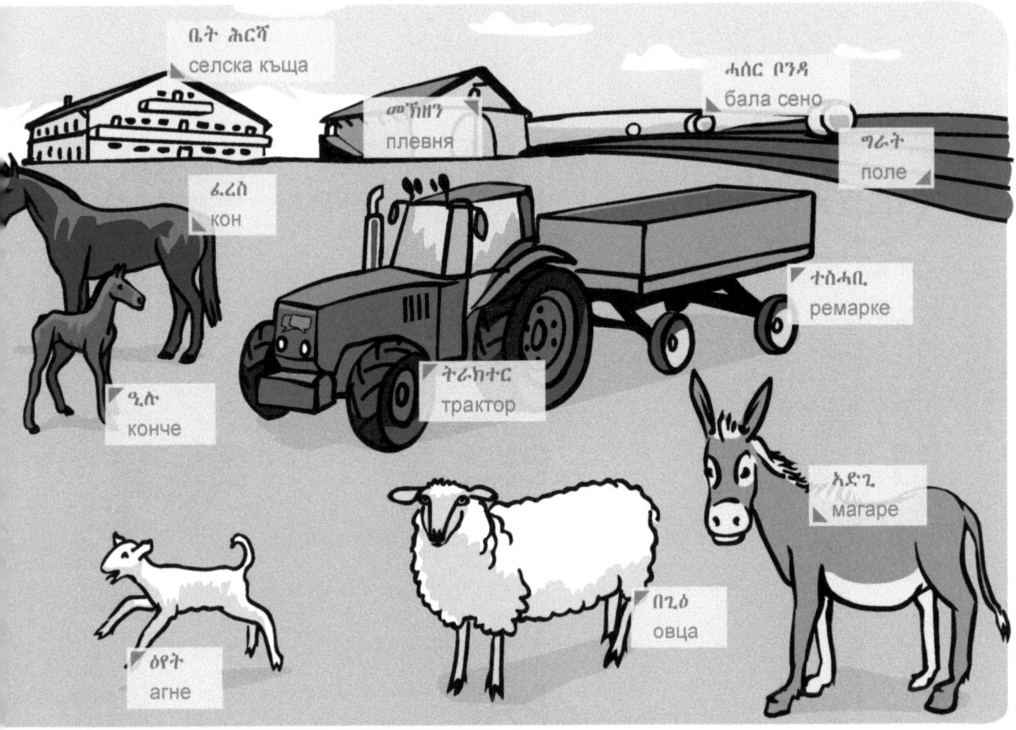
ቤት ሕርሻ
селска къща
መኽዘን
плевня
ሓሰር ቦንዳ
бала сено
ግራት
поле
ፈረስ
кон
ትራክተር
трактор
ተስሓቢ
ремарке
ዒሉ
конче
ኣድጊ
магаре
በጊዕ
овца
ዕየት
агне

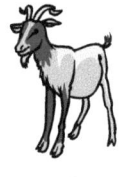

ጤል
....
коза

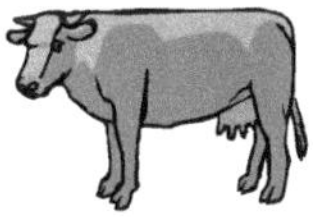

ብዕራይ
....
крава

ምራኽ
....
теле

ሓሰማ
....
свиня

ውላድ ሓሰማ
....
прасенце

ኣርሓ
....
бик

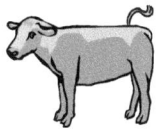

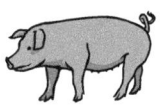

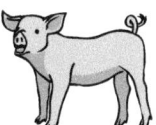

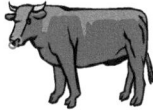

ዓሳ
....
гъска

ማይ ደርሆ
....
патица

ጫቑላት
....
пиленце

ደርሆ
....
кокошка

ኣርሓ ደርሆ
....
петел

ኣንጪዋ ዓባይ
....
плъх

ድሙ
....
котка

ኣንጭዋ
....
мишка

ብዕራይ
....
вол

ከልቢ
....
куче

ኣጕዶ ከልቢ
....
кучешка колиба

ቱቦ ጀርዲን
....
градински маркуч

መዝፈሪ ማይ
....
лейка

ዓቢ ማዕጺድ
....
коса

ማሕረሻ
....
плуг

ማዕጺድ
....
сърп

ጭጉር
....
мотика

መስኣ
....
вила за тор

ፋስ
....
брадва

ዓረብያ ኢድ
....
ръчна количка

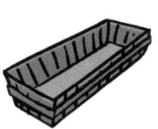

ጋብላ
....
корито

ብርጭቆ ጸባ
....
съд за мляко

ከሻ
....
чувал

ሓጹር
....
ограда

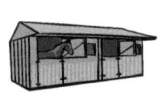

መንሰስ
....
обор

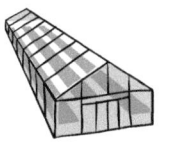

ቆጠልያ ገዛ
....
парник

ባይታ
....
земя

ዘርኢ
....
сеитба

ድኹዒ
....
тор

ዘጣምር ቀውዓይ
....
комбайн

ቀውዐ

жъна

ጻጣ

реколта

ድንሽ ያም

ямс

ስርናይ

жито

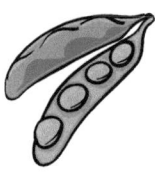

ሶያ

соя

ድንሽ

картоф

ዕፉን

царевица

ራፕስ

рапица

ገረብ ፍረታት

овощно дърво

ማኒኦክ

маниока

አእኻል

зърнени храни

ገዛ

къща

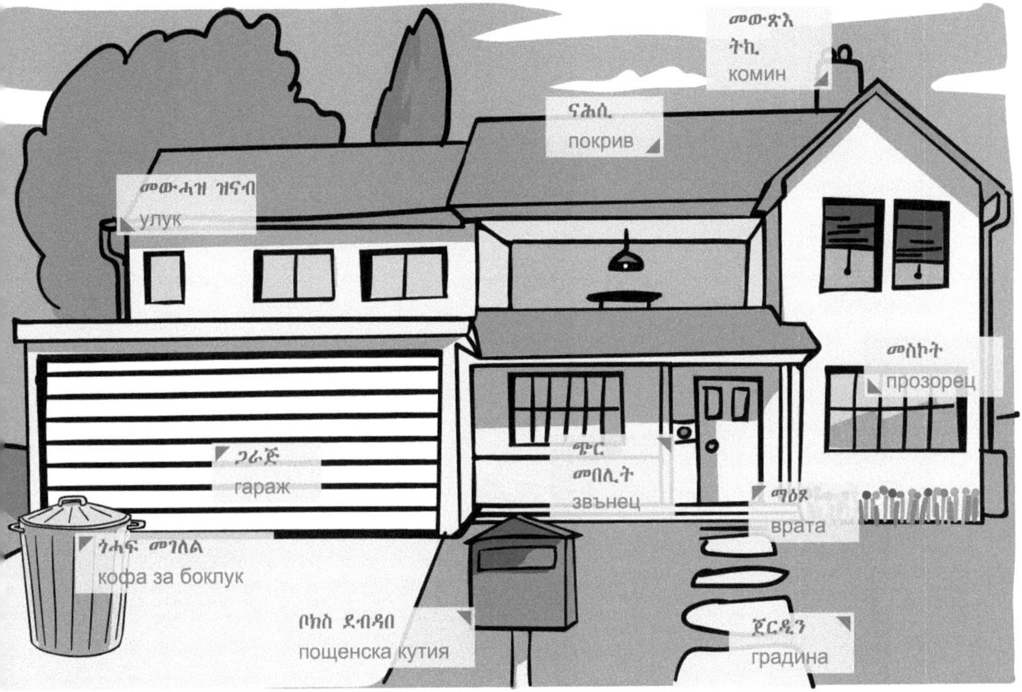
መውጽእ ትኪ
комин
ናሕሲ
покрив
መውሓዝ ዝናብ
улук
መስኮት
прозорец
ጋራጅ
гараж
ጭር መበሊት
звънец
ማዕጾ
врата
ንሓፍ መገለል
кофа за боклук
ቦክስ ደብዳበ
пощенска кутия
ጀርዲን
градина

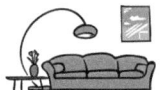

ክፍሊ ምቕማጥ

всекидневна

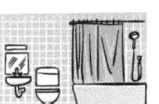

ክፍሊ ባንዮ

баня

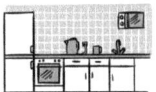

ክሽነ

кухня

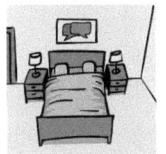

ክፍሊ መደቀሲ

спалня

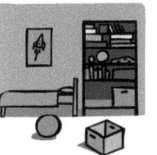

ክፍሊ ቆልዑ

детска стая

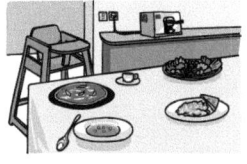

መመገቢ ክፍሊ

трапезария

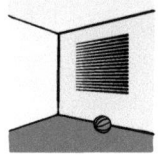

ባይታ
....
под

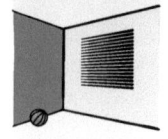

መንደቅ
....
стена

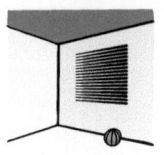

ከበርታ
....
таван

ካንቲና
....
изба

ሳውና
....
сауна

ባልኮን
....
балкон

ዛላ
....
тераса

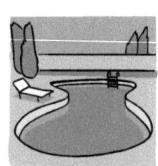

መሕምበሲ
....
плувен басейн

መቔረጺ ሳዕሪ
....
косачка

ኣንሶላ ዓራት
....
спално бельо

ከበርታ ዓራት
....
покривка за легло

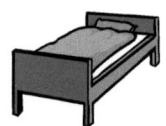

ዓራት
....
легло

መኽለስተር
....
метла

መገለል
....
кофа

መወልዒት
....
електрически ключ

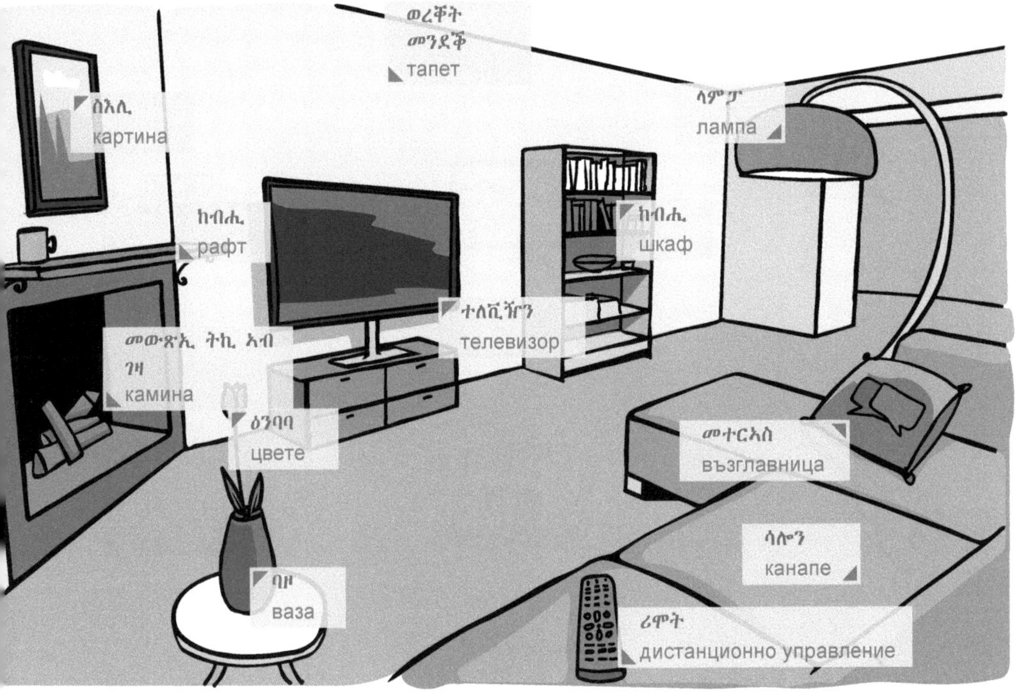

ወረቓት መንደቕ
тапет

ስእሊ
картина

ላምጣ
лампа

ከብሒ
рафт

ከብሒ
шкаф

መውጽኢ ትኪ ኣብ ገዛ
камина

ተለቪዥን
телевизор

ዕንባባ
цвете

መተርኣስ
възглавница

ባዞ
ваза

ሳሎን
канапе

ሪሞት
дистанционно управление

መንጸፍ
килим

መጋረጃ
завеса

ጣውላ
маса

መንበር
стол

ሰለል ዝብል መንበር
люлеещ се стол

መንበር ምቹእ
кресло

መጽሐፍ

книга

ከቦርታ

одеяло

ስልማት

декорация

እንጨይቲ ሓዊ

дърва за отопление

ፊልም

филм

ስተረዮ

стерео уредба

መፍትሕ

ключ

ጋዜጣ

вестник

ቕብአ

живопис

ፖስተር

постер

ሬድዮ

радио

ጥራዝ

бележник

መልገሲ ደርና

прахосмукачка

በለስ

кактус

ሽምዓ

свещ

ክሽነ

кухня

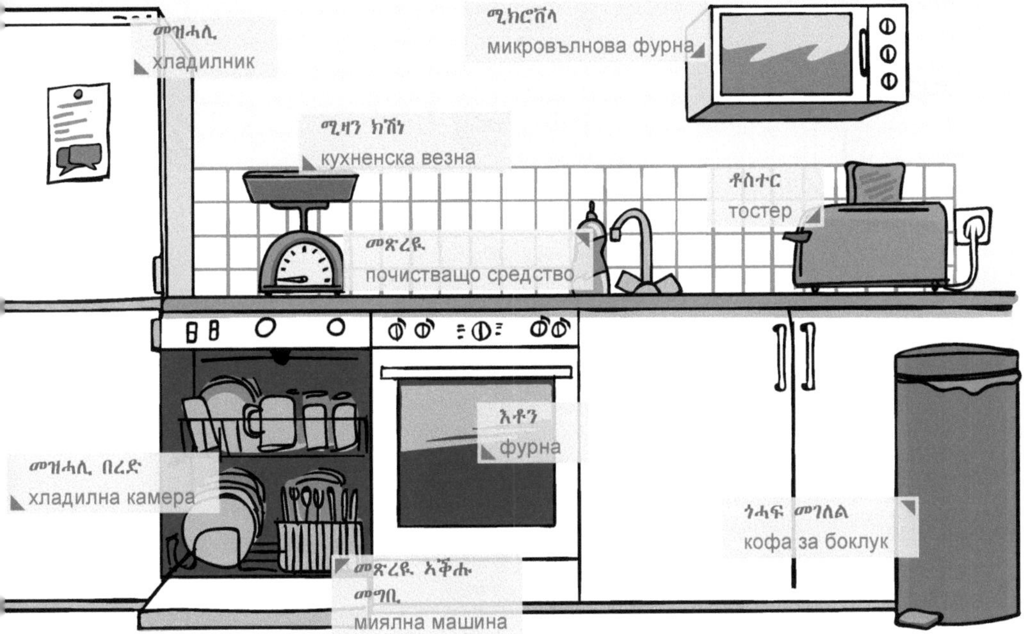

መዝሓሊ
хладилник
ሚክሮቨላ
микровълнова фурна
ሚዛን ክሽነ
кухненска везна
ቶስተር
тостер
መጽረዪ
почистващо средство
እቶን
фурна
መዝሓሊ በረድ
хладилна камера
ጎሓፍ መገለል
кофа за боклук
መጽረዪ ኣቕሑ መግቢ
миялна машина

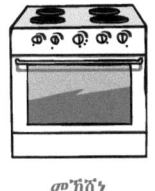

መኽሸኒ

....

готварска печка

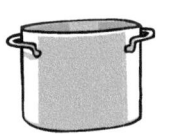

ድስቲ

....

тенджера

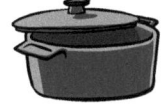

ድስቲ ሓጺን

....

желязна тенджера

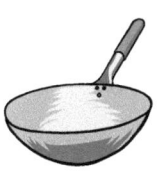

ቮክ/ካዳይ

....

уок / кадаи

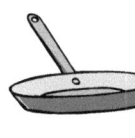

ባደላ

....

тиган

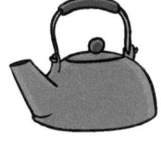

መውዓዪ ማይ

....

кана за затопляне на вода

መፍልሒ
....
уред за готвене на пара

ጎነቶራ ምስንካት
....
тава за печене

ኣቁሑ መግቢ
....
съдове

ብርጭቆ
....
чаша

ጭሖሎ
....
купа

ማንካቺና
....
клечки за хранене

ማንካ መረቕ
....
черпак

መገልበጢ ባደላ
....
лопатка за тиган

መኸስተር ውርጪ
....
тел за разбиване (на яйца, белтъци)

መንፈት መግቢ
....
кошница за варене

መንፈት
....
гевгир

መፋሕፍሒ
....
ренде

ሞርታር
....
хаван

ባርቢክዩ
....
барбекю

ስፍራ ሓዊ
....
огнище

እንጨይቲ ምምታር

дъска

እንጨይቲ ኮረር

точилка

መኽፈት ቡሽ

тирбушон

ታኒካ

кутия

መኽፈቲ ታኒካ

отварачка за консерви

ጨርቂ ድስቲ

кухненска ръкохватка

ቡምባ

мивка

አስባስላ

четка

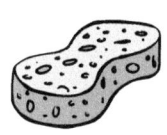

ሰፍነግ

гъба

ሓዋሲ አደባላቒ

миксер

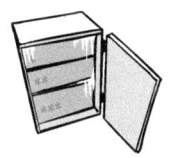

መዝሓሊ በረድ

фризер

ጥርሙዝ ማማይ

бебешко шише

ቡምባ ማይ

воден кран

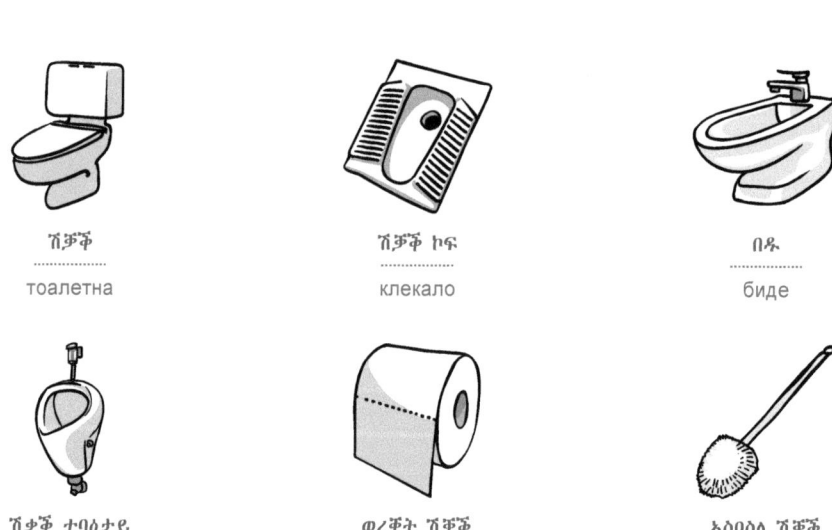

ክፍሊ ባንዮ
баня

መውዓዪ
отопление
ሽጎማኖ
хавлиена кърпа
መሕጸቢ ሻወር
душ
ሻወር መጋረጃ
завеса за баня
መሕጸቢ ዓፍራ
шампоан за вана
ባንዮ መሕጸቢ
вана
ብኬሪ
стъклена чаша
ሓጻቢት
перална машина
ቡምባ ማይ
воден кран
ማቶኑላ
плочки
ድስቲ
гърне
ቡምባ
мивка

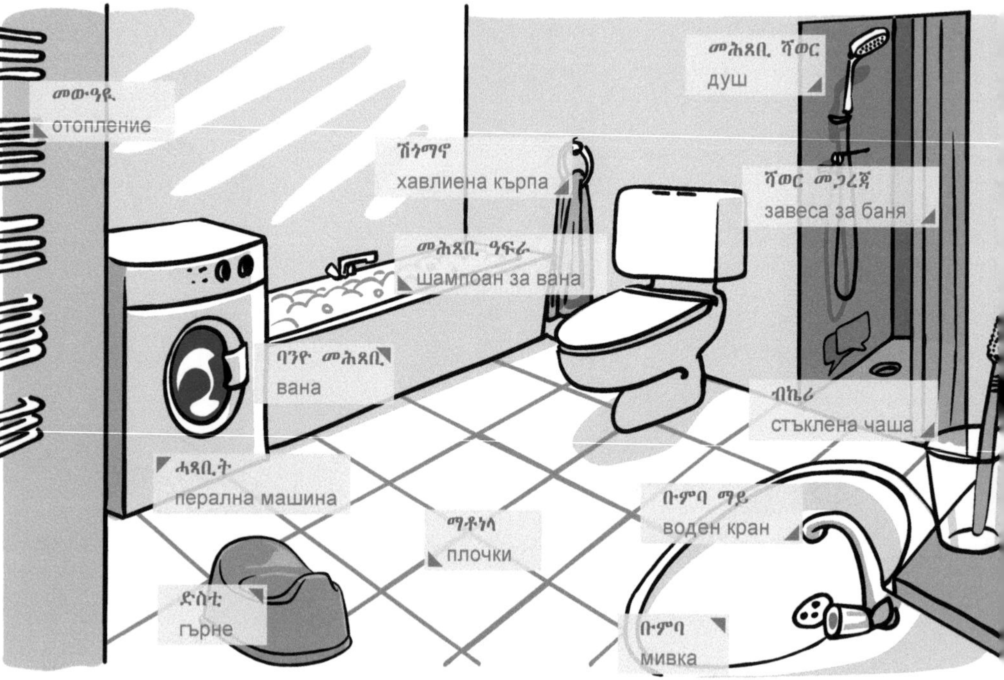

ሽቓቕ

тоалетна

ሽቓቕ ኮፍ

клекало

በዴ

биде

ሽቓቕ ተባዕታይ

писоар

ወረቐት ሽቓቕ

тоалетна хартия

ኣስባስላ ሽቓቕ

четка за тоалетна

አስባስላ ስኒ

четка за зъби

ክሬማ ስኒ

паста за зъби

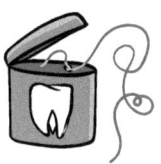

ሃሪ ስኒ

конец за зъби

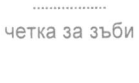

ሓጸብ

мия

ዱሽ ኢ.ድ

ръчен душ

ዱሽ

интимен душ

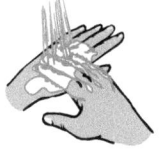

ብርጭቆ ምሕጸብ

леген

አስባስላ ሕቖ

четка за гръб

ሳፕና

сапун

ሻወር ጀል

душ гел

ሻምፑ

шампоан за вана

ጨርቂ መሕጸቢ

гъба за баня

መውሓዚ

сифон

ክሬማ

крем

ደዮ ጨና

дезодорант

መስትያት
ogледало

ናይ ኢድ መስትያት
козметично огледало

መላጸ
ръчна самобръсначка

ዓፍራ ምልጸይ
пяна за бръснене

ጨና ድሕሪ ምልጸይ
одеколон за след
бръснене

መመሸጥ
гребен

አስባስላ
четка

መንቐጺ ጸጉሪ
сешоар

ስፕረይ ጸጉሪ
спрей за коса

መመላኽሒ
грим

ብርሰ ቀለም ከንፈር
червило

አዝማቶ
лак за нокти

ጸምሪ ጡጥ
памук

መስደዲ ጽፍሪ
ножица за нокти

ጨና
парфюм

40　　　ክፍሊ, ባንዮ - баня

ሳንጣ መሕጸቢ
....
тоалетна чантичка

ድኳ
....
табуретка

ሚዛን
....
везна

ክዳን መሕጸቢ
....
хавлия

ጓንቲ መጸረዪ
....
домакински ръкавици

ታምፓን
....
тампон

ጨርቂ ሰበይቲ
....
дамски превръзки

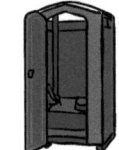

ሽቓቕ ከሚስትሪ
....
химическа тоалетна

ክፍሊ ቆልዑ

детска стая

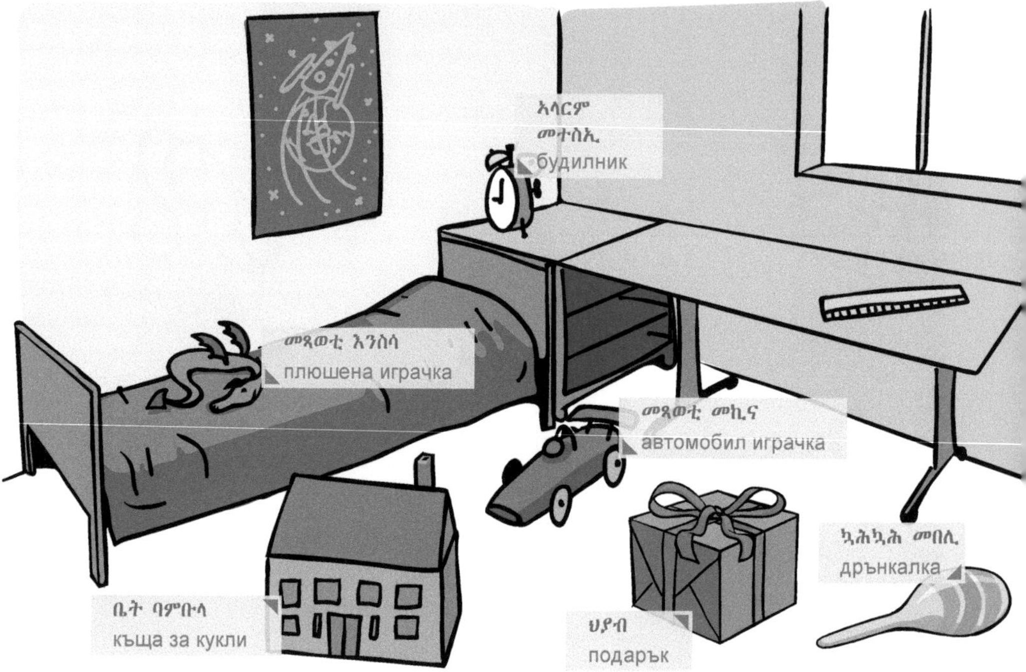
ኣላርም መተስኢ
будилник
መጻወቲ እንስሳ
плюшена играчка
መጻወቲ መኪና
автомобил играчка
ኳሕኳሕ መበሊ
дрънкалка
ቤት ባምቡላ
къща за кукли
ህያብ
подарък

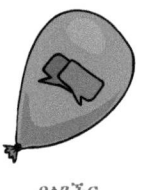

ባላንችና

балон

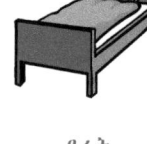

ዓራት

легло

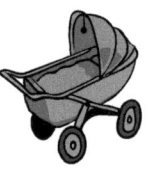

ሰረገላ ህጻን

детска количка

ጸወታ ካርታ

игра на карти

ሕንቅሊተይ

пъзел

ኮሜዲ

комикс

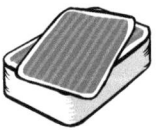

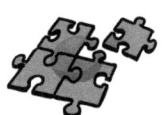

እምንታት መጻወቲ ለጎ
....
лего елементи

መጻወቲ እምንታት
....
строителни елементи

በዓል አክቸን
....
екшън фигурка

ክዳን ማማይ
....
бебешки гащеризон

ፍሪስቢ
....
фрисби

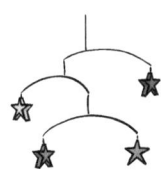

ሞባይል ማማይ
....
бебешки играчки за легло

ጸወታ ሰሌዳ
....
настолна игра

ኩቦ
....
зарче

ሞደል ባቡር ምድሪ
....
миниатюрно влакче

ዓባስ
....
биберон

ፓርቲ
....
парти

መጽሓፍ ስእሊ
....
детска книга с илюстрации

ኩዕሶ
....
топка

ባምቡላ
....
кукла

ተጻወተ
....
играя

መጻወቲ ሓጺ

пясъчник

ሰላል

люлка

መጻወቲታት

играчка

ኮንሶል ቪድዮ

игрова конзола

መጻወቲ ሰለስተ መንኮርኮር

велосипед с три колелета

ተዲ

плюшено мече

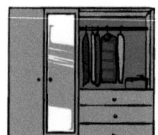

ከብሒ ክዳን

гардероб

ክዳን

облекло

ካልስታት

къси чорапи

ነዊሕ ካልስታት

дълги чорапи

ስረ ካልሲ

чорапогащник

ሻርበ
шал

ቁልፊ
колан

ጃላ
чадър

ማልያ
T-шърт

ሪፋ
ботуши

ጫማ ገዛ
пантофи

ስኒከርስ
гуменки

ሻበጥ
················
сандали

ጫማ
················
обувки

ሪፋ ገማ
················
гумени ботуши

ሙታንታ
················
слип

ክዳን ጡብ
················
сутиен

ትሕተ ካሚቻ
················
долна блуза

ክዳን - облекло

45

ቦዲ
....
боди

ሱሪ
....
панталон

ጄንስ
....
дънки

ቀምሽ
....
пола

ካምቻ
....
блуза

ካሚቻ
....
риза

ጉልፎ
....
пуловер

ጎልፎ
....
суичър

ጃኬት
....
блейзър

ጃከት
....
яке

ጁባ
....
палто

ከዳን ዝናብ
....
дъждобран

ኮስቱም
....
костюм

ቀምሽ
....
рокля

ቀምሽ መርዓ
....
булчинска рокля

ልብሲ.

костюм

ካሚቻ ለይቲ

нощница

ክዳን ለይቲ

пижама

ሳሪ

сари

መሃረብ ርእሲ.

кърпа за глава

ቱርባን

тюрбан

ቡርካ

бурка

ካፍታን

кафтан

ኣባያ

абая

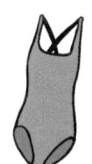

ክዳን መሕምበሲ.

бански костюм

ስሪ መሕምበሲ.

плувни шорти

ሓጺር ስሪ

къс панталон

ክዳን ታዕሊም

анцуг

በጀ ክዳን

престилка

ጓንቲ

ръкавици

መልጎም

копче

መነጽር

очила

በንናጅር

гривна

ማዕተብ

верижка

ቀለበት

пръстен

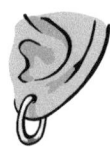

ኩትሻ

обеца

ቆብዕ

каскет

መንበሪ ጁባ

закачалка

ባርኔጣ

шапка

ካራባት

вратовръзка

ሻርኔጣ

цип

ሀልመት

каска

መድልደል ስረ

тиранти

ድቢዛ ቤትትምህርቲ

ученическа униформа

ድቢዛ

униформа

ክዳን - облекло

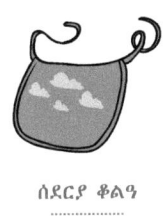

ሰደርያ ቆልዓ

лигавник

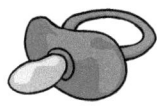

ዓባስ

биберон

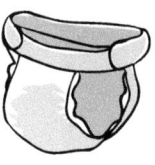

ጨርቂ ማማይ

пелена

ቤት ጽሕፈት

офис

ሰርቨር
сървър
ክብሒ ሰነድ
шкаф за документи
ፕሪንተር
принтер
ወረቐት
хартия
ሞኒቶር
монитор
ኣንጭዋ
мишка
ጣውላ ምጽሓፍ
бюро
ሓቓፊ
папка
ኪቦርድ
клавиатура
ጎሓፍ ወረቐት
кошче за хартиени отпадъци
ኮምፒተር
компютър
መንበር
стол

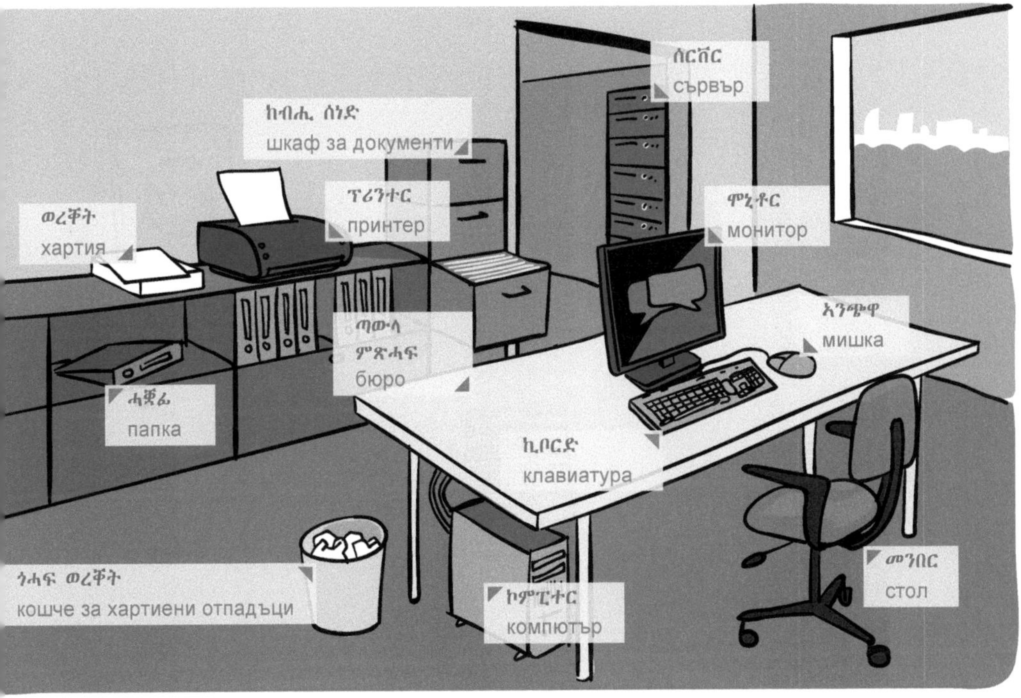

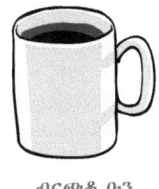

ብርጭቆ ቡን

чаша за кафе

ካልኩለተር

джобен калкулатор

ኢንተርነት

интернет

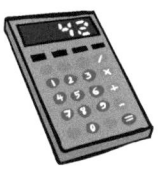

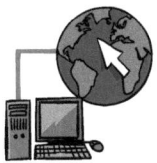

ለፕቶፕ

лаптоп

ደብዳበ

писмо

መልእኽቲ

съобщение

ሞባይል

мобилен телефон

ነትወርክ/መርበብ

мрежа

መቅድሒ ፎቶኮፒ

ксерокс

ሶፍትዌር

софтуер

ተለፎን

телефон

ሶኬት ኣረንቲ

контакт

ፋክስ

факс

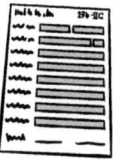

ፎርም

формуляр

ሰነድ

документ

ገዝአ

купувам

ከፈለ

плащам

ንግዴ

търгувам

ገንዘብ

пари

ዶላC

долар

አይሮ

евро

የን

йена

ሩብል

рубла

ስዊዝ ፍራንከን

швейцарски франк

ረንሚንቢ ዩዋን

ренминби юан

ሩፐየ

рупия

መውጽኢ ማሺን ገንዘብ

банкомат

በታ ቅያር ገንዘብ

обменно бюро

ወርቂ

злато

ብሩር

сребро

ዘይቲ

нефт

ሓይሊ

енергия

ዋጋ

цена

ውዕል

договор

ቀረጽ

данък

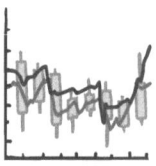

እኩብ ጥረ-ነገራት

акция

ስራሕ

работя

ሰራሕተኛ

служител

ኣስራሒ

работодател

ትካል

фабрика

ዱኳን

магазин за цветя

በዓል ፖሊስ
полицай

መጠፊኢ ሓዊ
пожарникар

ክሽz
готвач

ሓኪም
лекар

መራሒ ነፋሪት
пилот

ሰራሕተኛ ጀርዲን

градинар

ጸራቢ ዕንጸይቲ

мебелист

ሰፋይት

шивачка

ፈራዳይ

съдия

ቀማሚ

химик

ተዋሳኢ

артист

መራሒ ኣዉቶቡስ

шофьор на автобус

ኣውቲስታ ታክሲ

шофьор на такси

ገፋፊ ዓሳ

рибар

ጸራጊት

чистачка

ሃናጻይ ናሕሲ

майстор на покриви

ኣሰላፊ

келнер

ሃዳናይ

ловец

ሰኣላይ

художник

እንዳ ሕብስቲ

хлебар

ኤለትሪከኛ

електротехник

ሃናጺ ኣባይቲ

строителен работник

ሃንዶሲ

инженер

ሰራሕተኛ እንዳ ስጋ

касапин

ድራብሊኮ

тенекеджия

ኣማላላሲ ፖስጣ

пощальон

ወተሃደር

войник

መሃንድስ

архитект

ተሓዝ ገንዘብ

касиер

ሰራሕተኛ ዕምባባ

цветар

ቀም ቃማይ,

фризьор

ፈተሪኖ

кондуктор

መካኒክ

механик

መራሒ መርከብ

капитан

ሓኪም ስኒ

зъболекар

ተመራማሪ

научен работник

ራቢ,

равин

ኢማም

имàм

ፈላሲ,

монах

ቀሺ

свещеник

ናውቲ

инструменти

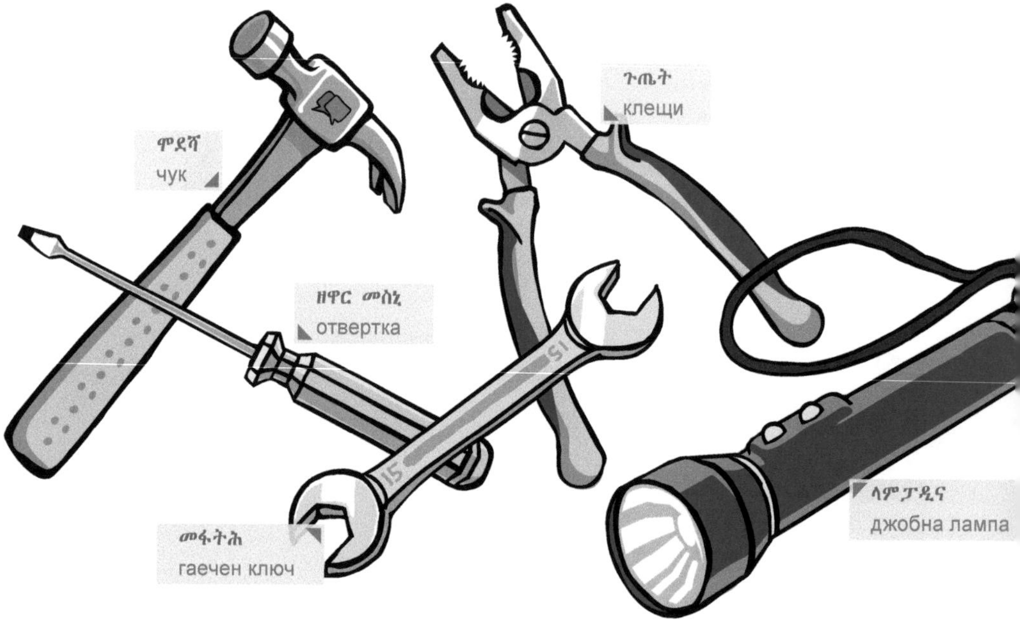
ሞደሻ
чук
ዘዋር መስኒ
отвертка
ጉጤት
клещи
መፋትሕ
гаечен ключ
ላምፓዲና
джобна лампа

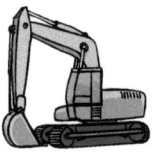

ፈሓሪ

багер

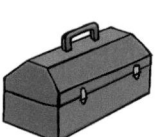

ናውቲ ቦክስ

кутия за инструменти

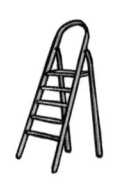

መደያይቦ

стълба

መጋዝ

трион

መስማር

пирони

ኰዓቲ

бормашина

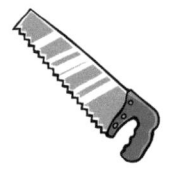

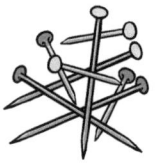

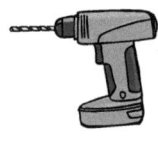

ምዕራይ
ремонтирам

ባደላ
лопата

አይ!
По дяволите!

መትሓቢ ዶርና
лопатка за смет

ድስቲ ቀለም
кутия за боя

ካቻቢት
болтове

መሳርሒ ሙዚቃ
музикални инструменти

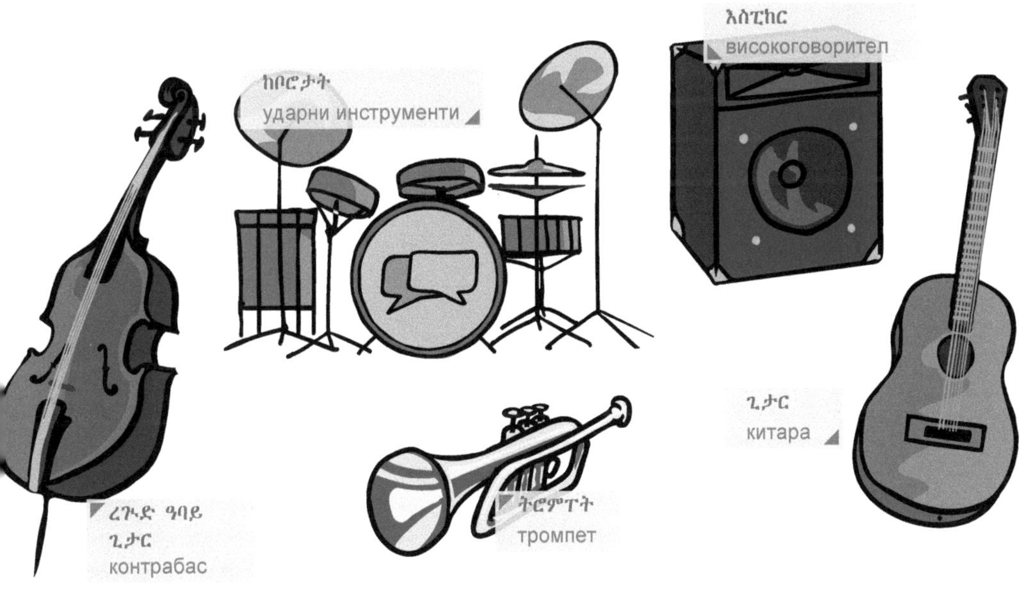

እስፒከር
високоговорител

ከበሮታት
ударни инструменти

ጊታር
китара

ረጉድ ዓባይ ጊታር
контрабас

ትሮምፐት
тромпет

ፒያኖ

пиано

ቪዮሊን

виолина

ባስ ጊታር

контрабас

ቲምንኢ

тимпан

ከቦሮ

барабан

አርጋን

електрическо пиано

ሳክሶን

саксофон

ሻምብቆ

флейта

ሚክሮፎን

микрофон

መካነ እንስሳታት

зоологическа градина

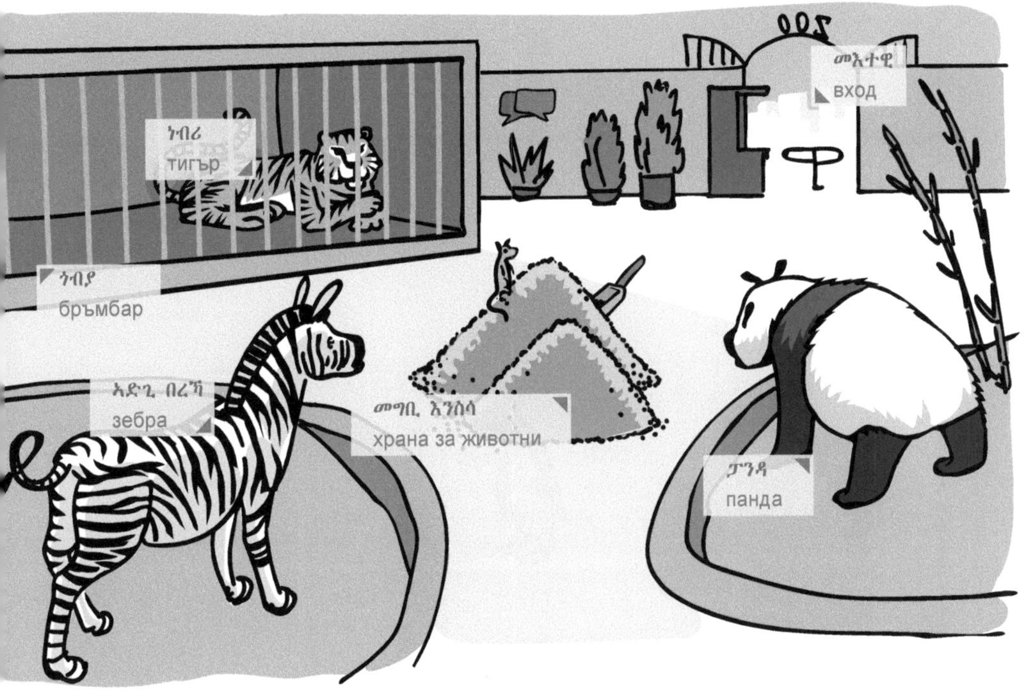

መእተዊ
вход
ነብሪ
тигър
ጎብያ
бръмбар
ኣድጊ በረኻ
зебра
መግቢ እንስሳ
храна за животни
ፓንዳ
панда

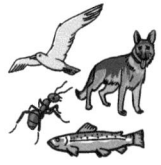

እንስሳታት

животни

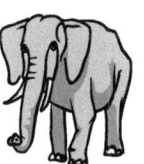

ሓርማዝ

слон

ካንጋሩ

кенгуру

ሓሪሽ

носорог

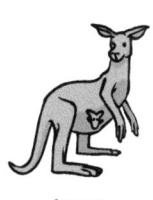

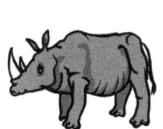

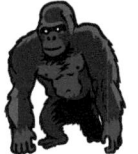

ጉሪላ

горила

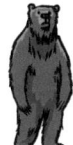

ድቢ

мечка

ገመል

камила

ሰገን

щраус

አንበሳ

лъв

ህበይ

маймуна

ፍላሚንጎ

фламинго

ሕንጻይ

папагал

ድቢ በረድ

бяла мечка

ፐንጉን

пингвин

ከልቢ ዓሳ

акула

ጣውስ

паун

ተመን

змия

ሓርገጽ

крокодил

ሓላዊ ቤት ገርዲሽ

пазач в зоологическа
градина

ዓሳ ዚምገብ እንስሳ ባሕሪ

тюлен

ጃጓር

ягуар

ሓጺር ፈረስ
....
пони

ነብሪ
....
леопард

ጉማረ
....
хипопотам

ጀራፍ
....
жираф

ሊላ
....
орел

መፍለስ
....
диво прасе

ዓሳ
....
риба

ጎብየ
....
костенурка

ዋልሩስ
....
морж

ወኻርያ
....
лисица

ሰስሓ
....
газела

ናይ አሜሪካ ኩዕሶ እግሪ
американски футбол

ምዝዋር ብሽግለታ
колоездене

ተኒስ
тенис

ባስከትባል
баскетбол

ምሕምባስ
плуване

ሆኪ በረድ
хокей на лед

ቦክሲንግ
бокс

ኩዕሶ እግሪ
футбол

ባድሚንተን
бадминтон

እስፖርታዊ ንጥፈታት
лека атлетика

ኩዕሶ ኢ.ድ
хандбал

ስኪ
ски бягане

ፖሎ
поло

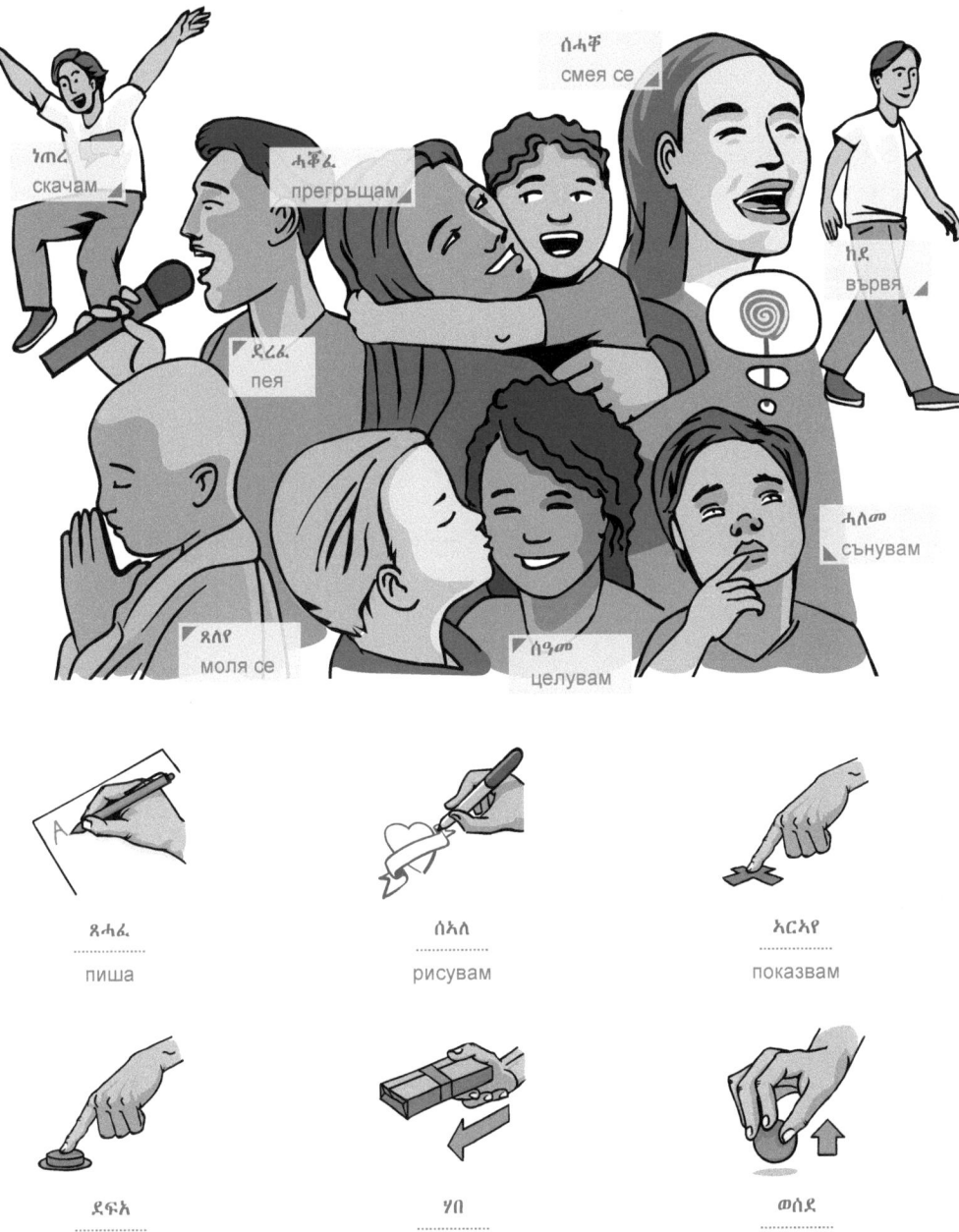

ሰሓቐ
смея се

ነጠረ
скачам

ሓቖፈ
прегръщам

ከደ
вървя

ደረፈ
пея

ሓለመ
сънувам

ጸለየ
моля се

ሰዓመ
целувам

ጸሓፈ
пиша

ሰኣለ
рисувам

ኣርኣየ
показвам

ደፍአ
бутам

ሃበ
давам

ወሰደ
взимам

አለወ

имам

ገበረ

правя

ኮነ

съм

ጠጠዉ በለ

стоя

ጎየየ

тичам

ሰሓበ

дърпам

ሰንደወ

хвърлям

ወደቐ

падам

ሓሰወ

лежа

ተጸበየ

чакам

ሰከም

нося

ኮፍ በለ

седя

ተኸድነ

обличам

ደቀሰ

спя

ተስአ

събуждам се

ረአየ
разглеждам

በኸየ
плача

ብአጽብ ደረዘ
милвам

መሸጠ
реша се

ተዛረበ
говоря

ተረድአ
разбирам

ሓተተ
питам

ሰምዐ
слушам

ሰተየ
пия

በልዐ
ям

አቾመጠ
разтребвам

አፍቀረ
обичам

ከሸነ
готвя

ዘወረ
карам автомобил

ነፈረ
летя

ብመርከብ ገየሽ
плавам (с платна)

ደመረ
смятане

አንበበ
чета

ተመሃረ
уча

ሰርሐ
работя

መርዓወ
женя се

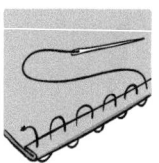

ሰፈየ
шия

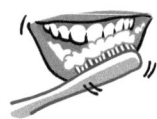

ጽሬት አስናን
измивам си зъбите

ቀተለ
убивам

ሽጋራ ተከሽ
пуша

ሰደደ
изпращам

ስድራቤት
семейство

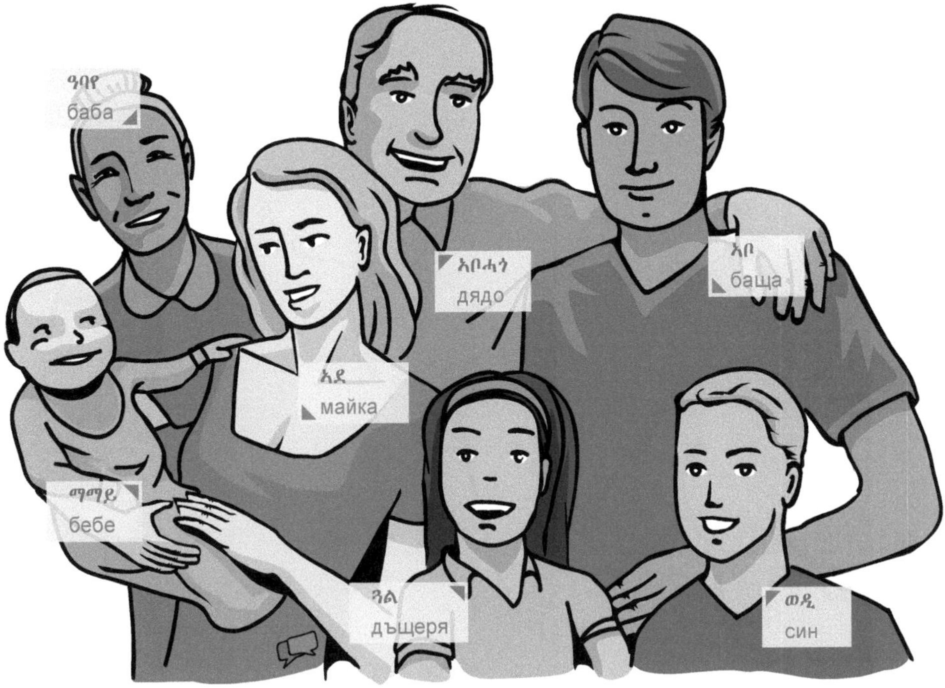
ዓባየ
баба
ኣቦሓጎ
дядо
ኣቦ
баща
ኣደ
майка
ማማይ
бебе
ጓል
дъщеря
ወዲ
син

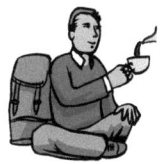

ጋሻ
....
посетител

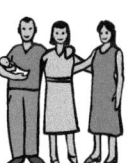

ሓትኖ
....
леля

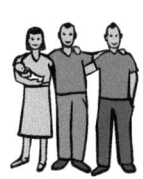

ኣኮ
....
чичо

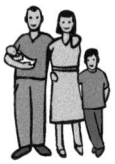

ሓው
....
брат

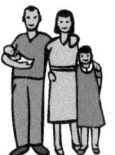

ሓፍቲ
....
сестра

ኣካላት

тяло

ግንባር
чело
ዓይኒ
око
መንኩብ
рамо
ኣጻብዕ
пръст
ገጽ
лице
መንከስ
брадичка
ኢድ
ръка
ሽፋን እግሪ
крак
ኣፍ-ልቢ
гърди
ምናት
ръка

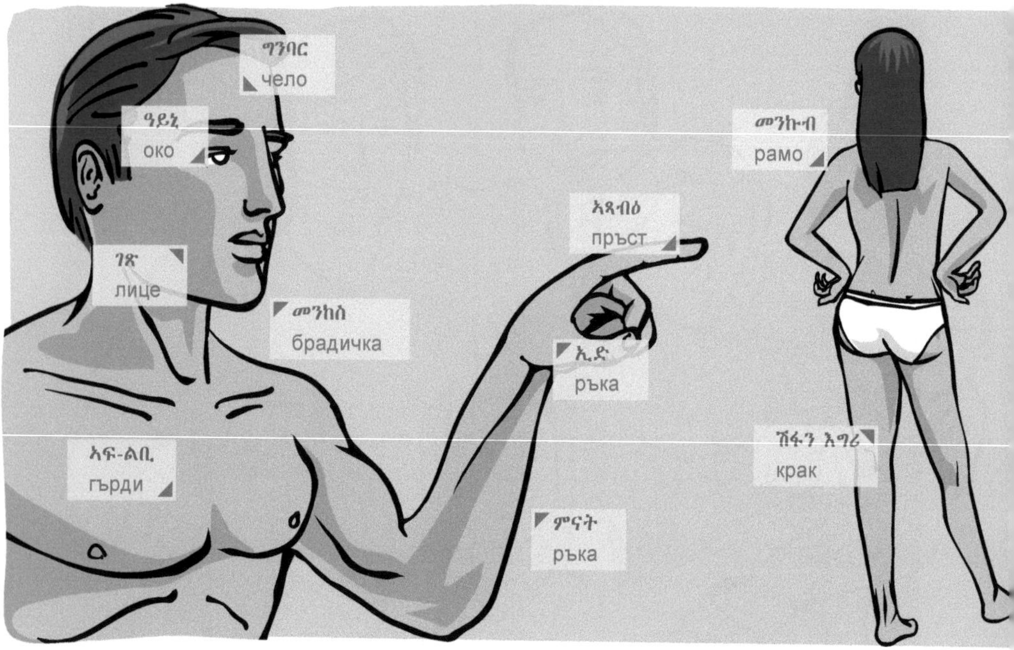

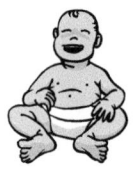

ማማይ

бебе

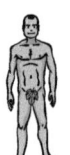

ሰብኣይ

мъж

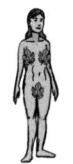

ሰበይቲ

жена

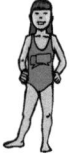

ጓል

момиче

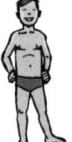

ወዲ

момче

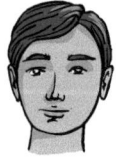

ርእሲ

глава

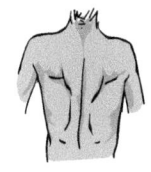

ሕቖ
....
гръб

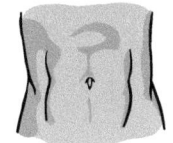

ከስዐ
....
корем

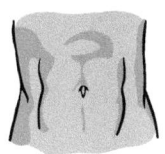

ሕምብርቲ
....
пъп

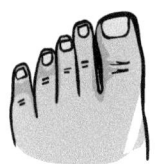

ኣጻብዕ እግሪ
....
пръст на крака

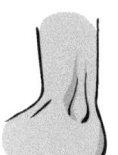

ኩርኩረ
....
пета

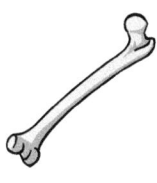

ዓጽሚ
....
кост

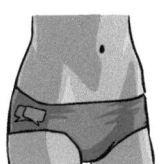

ምሕኩልቲ
....
хълбок

ብርኪ
....
коляно

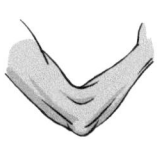

ፍግፍጎ
....
лакът

ኣፍንጫ
....
нос

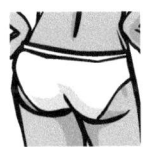

መዓኮር
....
седалище

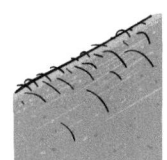

ቆርበት
....
кожа

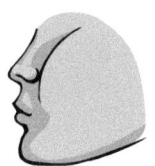

ምዕጉርቲ
....
буза

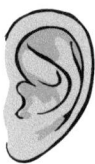

እዝኒ
....
ухо

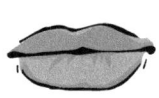

ከንፈር
....
устна

ኣካላት - тяло

69

አፍ
....
уста

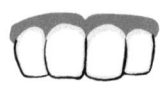

ስኒ
....
зъб

መልሓስ
....
език

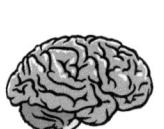

ሓንጎል
....
мозък

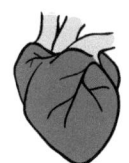

ልቢ
....
сърце

ጭዋዳ
....
мускул

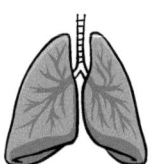

ሳንቡእ
....
бял дроб

ጸላም ከብዲ
....
черен дроб

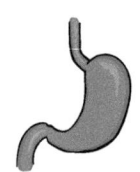

ከብዲ
....
стомах

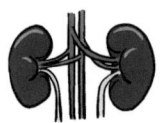

ኮሊት
....
бъбреци

ግብረ ስጋ
....
полово сношение

ኮንዶም
....
кондом

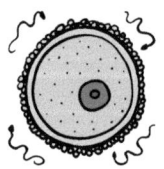

እንቋቍሓ
....
яйцеклетка

ዘርኢ ተባዕታይ
....
сперма

ጥንሲ
....
бременност

አካላት - тяло

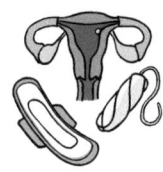

ጽግያት

менструация

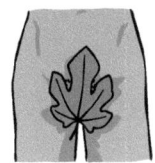

ርሕሚ

вагина

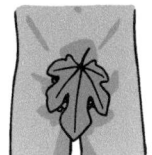

መትሎ

пенис

ሽፋሽፍቲ

вежда

ጸጉሪ

коса

ክሳድ

шия

ሆስፒታል
болница

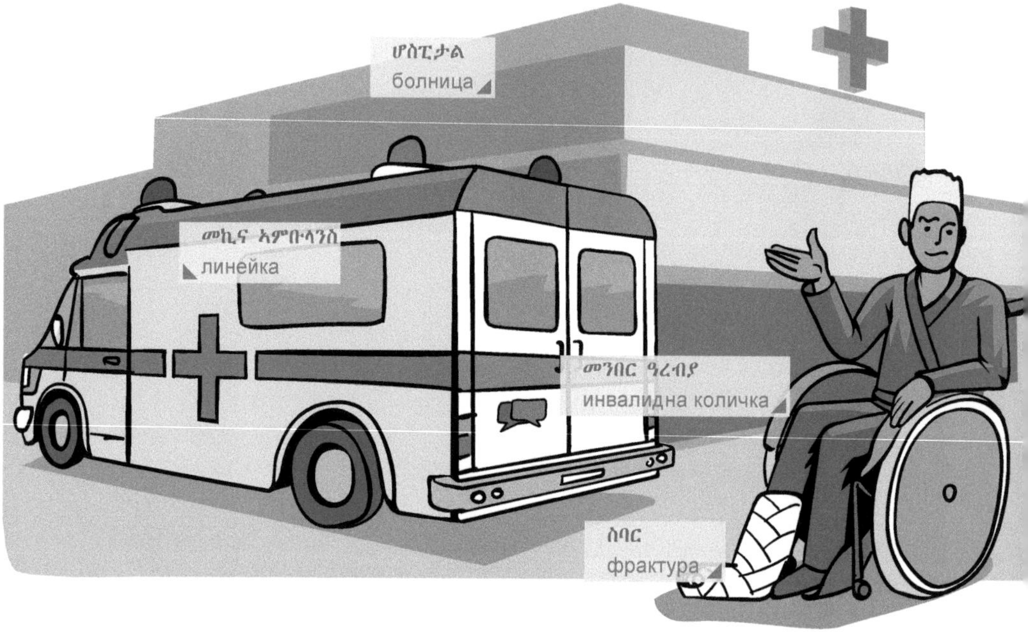

ሆስፒታል
болница
መኪና ኣምቡላንስ
линейка
መንበር ዓረብያ
инвалидна количка
ስባር
фрактура

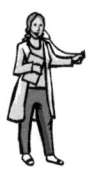

ሓኪም

лекар

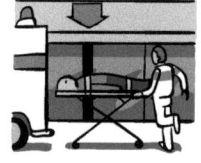

ክፍሊ ህጹጽ ረድኤት

спешна хоспитализация

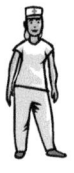

ኣላይት

медицинска сестра

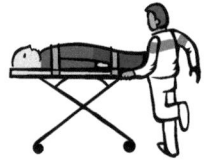

ህጹጽ ኩነት

спешен случай

ውነኡ ዘጥፍአ

в безсъзнание

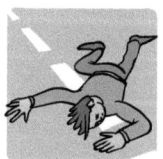

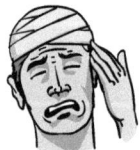

ቃንዛ

болка

ጉድኣት
....
нараняване

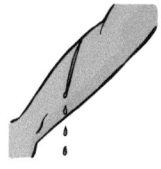

ደም
....
кървене

ማህሪምቲ
....
инфаркт

ማህሪምቲ
....
инсулт

ኣለርጂ
....
алергия

ሰዓል
....
кашлица

ረስኒ
....
температура

ኡንፍልወንዛ
....
грип

ውጽኣት
....
диария

ቃንዛ ርእሲ
....
главоболие

መንሽሮ
....
рак

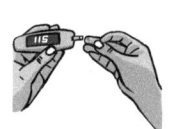

ሽኮርያ
....
диабет

ሓኪም መጥባሕቲ
....
хирург

መጥብሒ
....
скалпел

መጥባሕቲ
....
операция

CT
компютърна томография

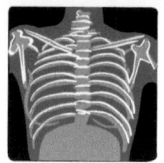

ራጂ
рентген

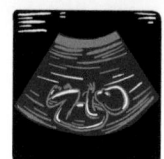

ልዕለ ድምጸዊ
ултразвук

መሸፈኒ ገጽ
маска

ሕማም
болест

ክፍሊ ምጽባይ
чакалня

ምርኩስ
патерица

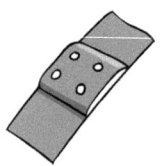

መጅነኒ ቁስሊ
пластир

መጅነኒ
превръзка

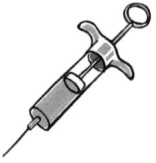

መርፍዕ ምውጋእ
инжекция

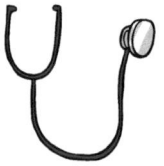

ስተቶስኮፕ
стетоскоп

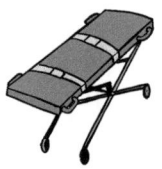

መሰከሚ ሕማም
носилка

ቴርሞመተር
термометър

ትውልዲ
раждане

ልዕለ-ሚዛን
наднормено тегло

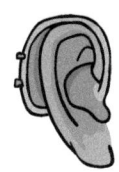

ሓገዝ ምስማዕ

слухов апарат

ኣንጻሂ

дезинфекционно средство

ልበዳ

инфекция

ቫይረስ

вирус

ኤድስ

HIV / AIDS

ሕክምና

медицина

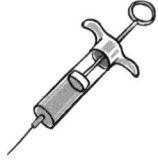

ክታብ

ваксинация

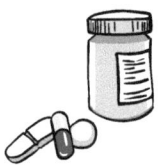

ኪኒና

таблети

ኪኒና

противозачатъчна
таблетка

ህጹጽ ምድዋል

спешно телефонно
обаждане

መዕቀኒ ጽቕጢ ደም

апарат за измерване на
кръвното налягане

ሕሙም / ጥዑይ

болен / здрав

ሆስፒታል - болница

ሓገዝ

Помощ!

ኣላርም

сигнал за тревога

ምህጃም

нападение

መጥቃዕቲ

атака

ድንገት

опасност

ህጹጽ መውጽኢ

авариен изход

ሓዊ!

Пожар!

መጥፍኢ ሓዊ

пожарогасител

ሓደጋ

злополука

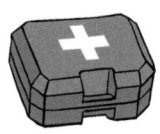

ሳንጣ ቀዳማይ ረድኤት

комплект за оказване на
първа помощ

SOS

SOS

ፖሊስ

полиция

ኤውሮጳ

Европа

ሰሜን አመሪካ

Северна Америка

ደቡብ አመሪካ

Южна Америка

አፍሪቃ

Африка

ኤስያ

Азия

አውስትራልያ

Австралия

አትላንቲክ

Атлантически океан

ፓሲፊክ

Тихи океан

ህንዳዊ ዉቅያኖስ

Индийски океан

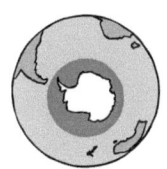

አንታርቲካዊ ዉቅያኖስ

Южен ледовит океан

አርክቲካዊ ዉቅያኖስ

Северен ледовит океан

ሰሜናዊ ዋልታ

Северен полюс

ደቡባዊ ዋልታ

Южен полюс

አንታርቲካ

Антарктида

ምድሪ

Земя

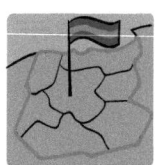

መሬት

суша

ባሕሪ

море

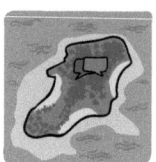

ደሴት

остров

ሃገር

нация

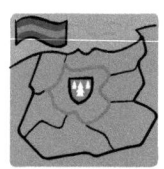

ዓዲ

държава

ገጽ ሰዓት

циферблат

አመልካቲ ሰዓታት

стрелка на часовете

አመልካቲ ደቓይቕ

стрелка на минутите

አመልካቲ ካልኢት

стрелка на секундите

ሰዓት ክንደይ አሎ?

Колко е часът?

መዓልቲ

ден

ግዜ

време

ሕጂ

сега

ዲጊታል ሰዓት

дигитален часовник

ደቒቕ

минута

ሰዓት

час

седмица

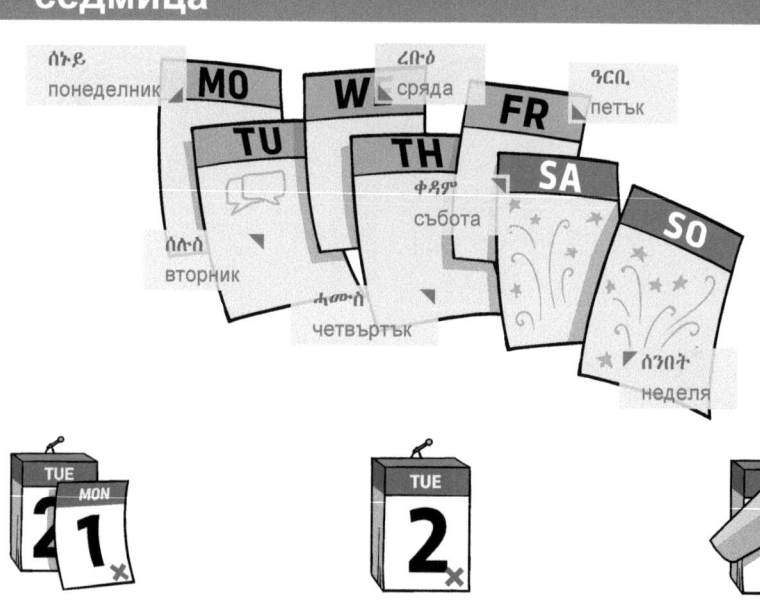

ሰኑይ
понеделник

MO

W ሬቡዕ
сряда

FR ዓርቢ
петък

TU

TH

SA

ቀዳም
събота

ሰሉስ
вторник

ሓሙስ
четвъртък

SO

ሰንበት
неделя

ትማሊ
вчера

ሎሚ
днес

ጽባሕ
утре

ንግሆ
сутрин

ቀትሪ
обед

ምሸት
вечер

MO	TU	WE	TH	FR	SA	SU
1	2	3	4	5	6	7
8	9	10	11	12	13	14
15	16	17	18	19	20	21
22	23	24	25	26	27	28
29	30	31	1	2	3	4

መዓልታት ስራሕ
работни дни

MO	TU	WE	TH	FR	SA	SU
1	2	3	4	5	6	7
8	9	10	11	12	13	14
15	16	17	18	19	20	21
22	23	24	25	26	27	28
29	30	31	1	2	3	4

መወዳእታ ሰሙን
уикенд

ዓመት

година

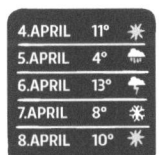

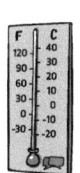

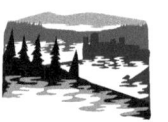

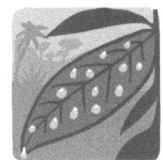

ዝናብ
дъжд
ቀስተ-ደመና
дъга
ንፋስ
вятър
በረድ
сняг
ጽድያ
пролет
ሓጋይ
лято
ቀውዒ
есен
ክረምቲ
зима

4.APRIL 11°
5.APRIL 4°
6.APRIL 13°
7.APRIL 8°
8.APRIL 10°

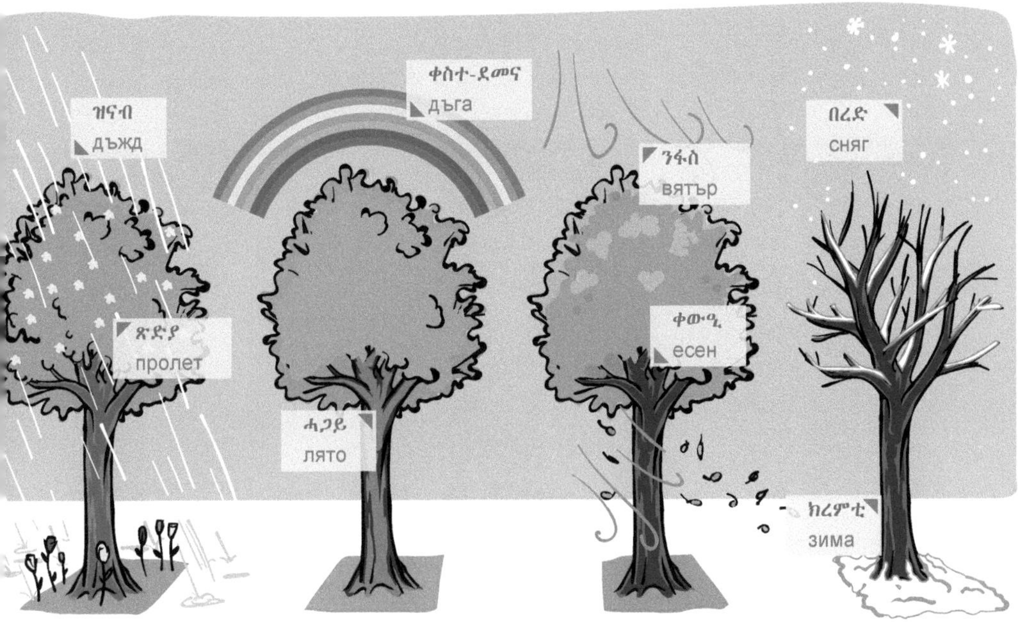

ትንቢት ኩነታት ኣየር

прогноза за времето

F
C
120
90
60
30
0
-30
40
30
20
10
0
-10
-20

ቴርሞመተር

термометър

ብርሃን ጸሓይ

слънчева светлина

ደበና

облак

ግመ

мъгла

ጠሊ

влажност на въздуха

ብርቂ
....
светкавица

ነጉዳ
....
гръмотевица

ህቦብላ
....
буря

በረድ
....
градушка

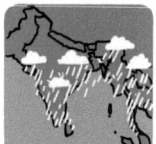

ብርቱዕ ህቦብላ
....
мусон

ውሕጅ
....
наводнение

በረድ
....
лед

ጥሪ
....
януари

ለካቲት
....
февруари

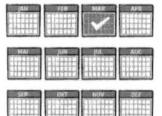

መጋቢት
....
март

ሚያዝያ
....
април

ጉንበት
....
май

ሰነ
....
юни

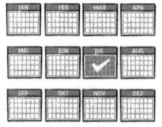

ሓምለ
....
юли

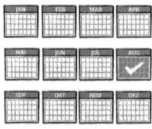

ነሓሰ
....
август

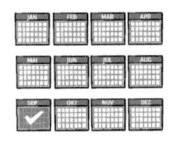

መስከረም
....
септември

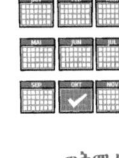

ጥቅምቲ
....
октомври

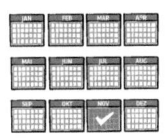

ሕዳር
....
ноември

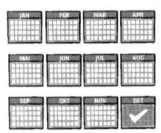

ታሕሳስ
....
декември

ቅርጻታት

форми

ዙርያ
....
кръг

ትርብዒት
....
квадрат

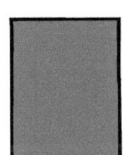

ቅኑዕ ርቡዕ ኵርናዕ
....
четириъгълник

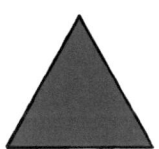

ስሉስ ኩርናዕ
....
триъгълник

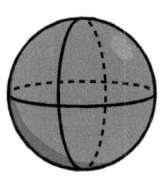

ክቢ
....
сфера

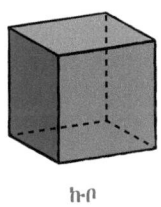

ኩቦ
....
куб

ጸዕዳ
....
бял

ብጫ
....
жълт

ኦራንቺ
....
оранжев

ፒንክ
....
розов

ቀይሕ
....
червен

ጆኸ
....
лилав

ሰማያዊ
....
син

ቀጠልያ
....
зелен

ቡናዊ
....
кафяв

ሓሙኽሽታይ
....
сив

ጸሊም
....
черен

ብዙሕ / ውሑድ

много / малко

ሕሩቕ / ሰላማዊ

ядосан / спокоен

ጽቡቕ / ክፉእ

красив / грозен

መጀመርያ / መወዳእታ

начало / край

ዓቢ / ንእሽቶ

голям / малък

ብሩህ / ጸልማት

светъл / тъмен

ሓው / ሓፍት

брат / сестра

ጽሩይ / ርሳሕ

чист / мръсен

ምሉእ / ዘይምሉእ

пълен / непълен

መዓልቲ / ለይቲ

ден / нощ

ሙዊት / ህልው

мъртъв / жив

ሰፊሕ / ጸቢብ

широк / тесен

ደስ ዘበል / ደስ ዘይብል
....
ядлив / неядлив

እኩይ / ህያዋይ
....
сърдит / любезен

ርቡጽ / ስልኩይ
....
развълнуван / скучаещ

ረጊድ / ቀጢን
....
дебел / тънък

ቀዳማይ / ናይ መወዳእታ
....
най-напред / най-накрая

ዓርኪ / ጸላኢ
....
приятел / враг

ምሉእ / ባዶ
....
пълен / празен

ተሪር / ልስሉስ
....
твърд / мек

ከቢድ / ፈኵስ
....
тежък / лек

ጥምየት / ጽምየት
....
глад / жажда

ሕሙም / ጥዑይ
....
болен / здрав

ዘይሕጋዊ / ሕጋዊ
....
нелегален / легален

መስተውዓሊ / ስዲ
....
интелигентен / глупав

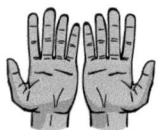

ጸጋም / የማን
....
ляво / дясно

ቐረባ / ርሑቕ
....
близо / далече

ሓዲሽ / ብሉይ

нов / употребяван

ዋላ ሓደ / ገለ

нищо / нещо

ዓቢ/ኣረጊት / መንእሰይ

стар / млад

ወልዕ / ኣጥፍእ

вкл. / изкл.

ክፉት / ዕጹው

отворен / затворен

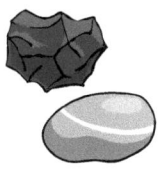

ህዱእ / ዓው

тих / силен (звук)

ሃብታም / ድኻ

богат / беден

ቅኑዕ / ግጉይ

правилен / погрешен

ሓርፋፍ / ልሙጽ

грапав / гладък

ጉሁይ / ሕጉስ

тъжен / щастлив

ሓጺር / ነዊሕ

дълъг / къс

ቀስ / ቅልጡፍ

бавен / бърз

ጥሉል / ንቑጽ

мокър / сух

ምዉቕ / ዝሑል

топъл / студен

ውግእ / ሰላም

война / мир

0

ዜሮ

нула

1

ሓደ

едно

2

ክልተ

две

3

ሰለስተ

три

4

ኣርባዕተ

четири

5

ሓሙሽተ

пет

6

ሽዱሽተ

шест

7

ሸውዓተ

седем

8

ሸሞንተ

осем

9

ትሽዓተ

девет

10

ዓሰርተ

десет

11

ዓሰርተ ሓደ

единадесет

12
ዓሰርተ ክልተ
дванадесет

13
ዓሰርተ ሰለስተ
тринадесет

14
ዓሰርተ ኣርባዕተ
четиринадесет

15
ዓሰርተ ሓሙሽተ
петнадесет

16
ዓሰርተ ሽዱሽተ
шестнадесет

17
ዓሰርተ ሾውዓተ
седемнадесет

18
ዓሰርተ ሾሞንተ
осемнадесет

19
ዓሰርተ ትሽዓተ
деветнадесет

20
ዕስራ
двадесет

100
ሚእቲ
сто

1.000
ሽሕ
хиляда

1.000.000
ሚልዮን
милион

እንግሊዝኛ

английски

አመሪካዊ እንግሊዛዊ

американски английски

ቻይናዊ ማንዳሪን

китайски мандарин

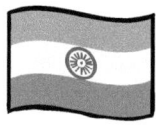

ሂንዳዊ

хинди

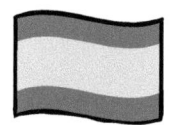

እስጳኛዊ

испански

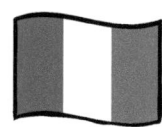

ፈረንሳዊ

френски

ዓረብዊ

арабски

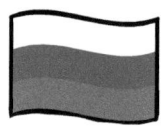

ሩሲያዊ

руски

ፖርቱጋላዊ

португалски

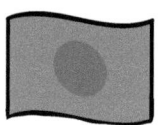

በንጋሊ

бенгалски

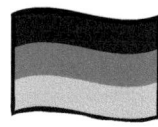

ጀርመናዊ

немски

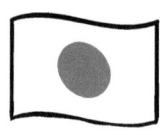

ጃፓናዊ

японски

አነ

аз

ንስኻ/ኺ.

ти

ንሱ / ንሳ / ንሱ

той / тя / то

ንሕና

ние

ንስኻ

вие

ንሳቶም

те

መን?

кой?

እንታይ?

какво?

ከመይ?

как?

አበይ?

къде?

መዓስ?

кога?

ሽም

име

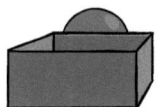

ድሕሪ

зад

ኣብ

в

ኣብ ቅድሚ

пред

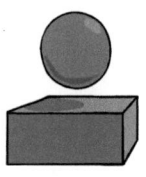

ኣብ ላዕሊ

над

ኣብ ልዕሊ

върху

ትሕቲ ምድሪ

под

ኣብ ጥቓ

до

ኣብ መንጎ

между

ቦታ

място